标杆精益系列图书

精益管理成功因子 50+

余伟辉　张　磊　郭光宇　著

机械工业出版社

本书是作者近 20 年的实践经验总结。书中通过丰富的案例，从管理经营、咨询顾问、行为准则、困难阻力、思维方式、方法应用、意识意志、企业组织、战略规划、老板角色、成功实践 11 个维度，系统阐述了企业推行精益取得成功的 50 余个要素，为企业成功实施精益，规避失败风险提供解决方案。

本书可作为企业决策者、顾问在精益规划、执行工作中的指南，也可作为企业管理人员、精益推行人员、咨询人员学习、培训和辅导的工作参考。

图书在版编目（CIP）数据

精益管理成功因子 50+/余伟辉，张磊，郭光宇著. —北京：机械工业出版社，2022.12（2024.7 重印）

（标杆精益系列图书）

ISBN 978-7-111-72153-6

Ⅰ.①精… Ⅱ.①余… ②张… ③郭… Ⅲ.①企业管理-精益生产 Ⅳ.①F273

中国版本图书馆 CIP 数据核字（2022）第 231615 号

机械工业出版社（北京市百万庄大街 22 号　邮政编码 100037）
策划编辑：孔　劲　　　　　责任编辑：孔　劲　王春雨
责任校对：张亚楠　张　薇　封面设计：张　静
责任印制：张　博
北京雁林吉兆印刷有限公司印刷
2024 年 7 月第 1 版第 2 次印刷
169mm×239mm · 14.25 印张 · 265 千字
标准书号：ISBN 978-7-111-72153-6
定价：69.00 元

电话服务　　　　　　　　　网络服务
客服电话：010-88361066　　机 工 官 网：www.cmpbook.com
　　　　　010-88379833　　机 工 官 博：weibo.com/cmp1952
　　　　　010-68326294　　金 书 网：www.golden-book.com
封底无防伪标均为盗版　　　机工教育服务网：www.cmpedu.com

前 言

本书的写作有点偶然。

在一次精益改善活动的总结会上，原本没计划发言的总经理，临时发表了自己的意见，他说："大家改善周虽然很辛苦，效率提升也不错，但我就是没有看到效益！"激情忙碌了一周的改善周团队成员，莫名其妙地被"批"了一顿，心情沉重得很。老板没有得到自己想要的效益，团队也没有得到自己想要的认可，到底是怎么回事？

改善成果跑哪去了？为什么改善之后看不到效益？

一脸的疑惑和沉重的氛围让我感到如果不能给类似的问题解惑答疑或提供解决方案，精益在该企业的持续深入和拓展应用将可能遭受致命性的打击。而这个问题，也许并不是某一家企业的困惑，而是大部分企业都会面临的难题。

精益之路，如同西天取经，困难和疑惑远远不止一个。每当我们克服或消除其中的一个障碍阻力时，是不是就给精益之路增加了一分成功的保障呢？而克服这些障碍和疑惑所应用到的原则、规律和方法，不就是确保精益变革的成功因子吗？

这些成功因子，应该是在企业中普遍适用的、具有共性的原理。如果我们把这些成功因子提炼出来，相当于在精益的旅途中提前预知了前行路上的"妖魔鬼怪"，可做到心中有数，应对自如。

在过去20年的精益变革生涯中，我培训和辅导了大大小小200多家企业，有成功的，也有失败的。在辅导的过程中，有很多成功的应用，也碰到过各种各样的困难和疑惑。在解决问题的过程中，我时刻总结成功或失败的关键因素，并不拘泥于传统丰田套路或精益思想所描述的原则和方法，而是在自己实践的基础上总结和提炼，而这些提炼的成功因子，在其他的企业和组织中同样适用。

比如，在某企业讨论方案的时候，大家提出了很多不必要的顾虑，我告诉他们：不要想象痛苦；又比如，某企业员工在讨论问题的时候，特别喜欢从其他部门去找原因，我告诉他们：要切断鸡和蛋之间的关系；再比如，某企业在评价改善效果的时候，非常看重改善的财务收益，我告诉他们：不必过度用财务收益来衡量精益改善……

当我把这些实践中的关键要素提炼出来后，我发现，这些精益管理的成功因子就是企业顺利推进精益的法宝！

于是我决定把这些成功因子整理成文，变成大家可以认知和传承的规律、原则和方法。

写作的过程同样是一种充满乐趣的体验。因为辅导工作忙，很难抽出专门的时间来写作，但是我找到了一种可以专注写作的机会，我发现，每一次坐飞机，在空中的时间正好可以写一个成功因子，从此，飞机上写作成为我的日常工作。

经过半年的努力，我们顺利完成了第一阶段成功因子的梳理和编写，从管理经营、咨询顾问、行为准则、困难阻力、思维方式、方法应用、意识意志、企业组织、战略规划、老板角色、成功实践共11个维度阐述了50余个精益管理成功因子。

但我们知道，精益管理的成功因子远远不止这些。不同的企业，在不同的阶段，不同的实践者，有不同的成功因子心得，所以，我们把书名确定为《精益管理成功因子50+》。"50+"是开放式的话题，在后续的实践中，我们可以不断地增加和完善更多的精益管理成功因子，为中国企业的精益转型实践提供启示和指引。

我相信，书中任何一个成功因子，都是我们在精益路上可以预知的解决问题的原则与方法，熟知并正确应用这些成功因子，可以无畏旅途中的任何艰难险阻。

需要特别说明的是，书中的观点均为作者个人的实践心得，不代表绝对意义上的权威或指令，如有描述不当或不同意见之处，欢迎指正和探讨。

本书的写作得到了李占凯先生、马成功先生、申业朋先生、齐忠玉先生等同仁的大力支持，在此一并表示感谢！

余伟辉

目 录

前言
第 1 篇　关于管理经营 …………………………………………………… 1
【成功因子-1】　别让舒适的管理毁掉改善的成果 ……………………… 2
【成功因子-2】　为何改善之后看不到公司效益的提高 ………………… 6
【成功因子-3】　所有人都知道的问题，为何就是没人去解决 ………… 12
【成功因子-4】　不要滥用精益去处理经营的问题 ……………………… 15
【成功因子-5】　低效的生产是对制造业的一种"犯罪" ……………… 19

第 2 篇　关于咨询顾问 …………………………………………………… 23
【成功因子-6】　只要我在你的企业中活着，精益就可以持续下去 …… 24
【成功因子-7】　你若不离，我定不弃 …………………………………… 29
【成功因子-8】　不必过度关注是否有同行业经验 ……………………… 33
【成功因子-9】　同行即外行 ……………………………………………… 36
【成功因子-10】　外来的和尚好念经 ……………………………………… 41

第 3 篇　关于行为准则 …………………………………………………… 46
【成功因子-11】　做个不让人讨厌的人——这些话不能说 ……………… 47
【成功因子-12】　做一个让人喜欢的人——多提建设性意见 …………… 51
【成功因子-13】　我们需要经营理念还是管理技术 ……………………… 55
【成功因子-14】　先按楼层还是先按关门 ………………………………… 59
【成功因子-15】　快而粗好过慢而细 ……………………………………… 62

第 4 篇　关于困难阻力 …………………………………………………… 65
【成功因子-16】　推行精益的难点在高层、中层还是基层 ……………… 66
【成功因子-17】　没有用是因为没有用 …………………………………… 70
【成功因子-18】　僵化执行，固化应用，优化改善 ……………………… 73
【成功因子-19】　不要去想象痛苦 ………………………………………… 76
【成功因子-20】　戒除狗鱼综合征 ………………………………………… 79

第 5 篇　关于思维方式 …………………………………………………… 83
【成功因子-21】　没有"疯子精神"是做不好精益的 …………………… 84
【成功因子-22】　切断鸡和蛋之间的关系 ………………………………… 87
【成功因子-23】　异常管理水平很高，正常管理水平很低 ……………… 90
【成功因子-24】　存在即不合理，凡事皆有改善空间 …………………… 95

V

【成功因子-25】 日式精益与美式精益 ································· 99

第 6 篇　关于方法应用 ································· 103
【成功因子-26】 不要盲目追求一个流 ································· 104
【成功因子-27】 大胆去突破 PE 的约束 ································· 108
【成功因子-28】 精益文化，没有宣传就不好玩了 ································· 113
【成功因子-29】 精益五环　缺一不可 ································· 117
【成功因子-30】 离开价值流的改善如同没有方向的奔跑 ································· 122

第 7 篇　关于意识意志 ································· 127
【成功因子-31】 要共识，不要事实 ································· 128
【成功因子-32】 先相信再看到，还是先看到再相信 ································· 131
【成功因子-33】 做到多少分你会把精益停下来 ································· 134
【成功因子-34】 所有卓越的背后，都是苦行僧般的精益自律 ································· 138
【成功因子-35】 知行合一，专注产生爆发力 ································· 143

第 8 篇　关于企业组织 ································· 149
【成功因子-36】 稳定专职的组织胜于任何咨询机构 ································· 150
【成功因子-37】 改变的难与不难 ································· 154
【成功因子-38】 "全员参与"可能是一个伪命题 ································· 159
【成功因子-39】 管理就是管反复，反复管 ································· 163
【成功因子-40】 坚决打好精益 IE 组织保卫战 ································· 166

第 9 篇　关于战略规划 ································· 170
【成功因子-41】 再不精益企业就老了 ································· 171
【成功因子-42】 不要在头脑僵化的人身上浪费时间 ································· 174
【成功因子-43】 何必等到老态龙钟的时候再去做精益 ································· 178
【成功因子-44】 工厂搬迁是导入精益变革的极佳时机 ································· 181
【成功因子-45】 员工流失，我们的情况不一样 ································· 187

第 10 篇　关于老板角色 ································· 191
【成功因子-46】 别让高管的浅知成为瓶颈 ································· 192
【成功因子-47】 多鼓励，少批评，用欣赏的眼光看待每一个变化 ································· 196
【成功因子-48】 听到不同的声音，保持淡定 ································· 199
【成功因子-49】 不必过度以财务收益去衡量精益改善 ································· 203
【成功因子-50】 没有失败的精益生产，只有失败的老板 ································· 208

第 11 篇　成功实践 ································· 213
【成功因子-51】 一个外卖骑手的精益管理实践 ································· 214
【成功因子-52】 一个从骨子里相信精益的老板的疯狂实践 ································· 217

第 1 篇

关于管理经营

【成功因子-1】
别让舒适的管理毁掉改善的成果

成功因子　用低水平的管理，去管理改善后的成果，最后肯定难于看到改善的终极效果。而"留一手"的思想，过于宽松的管理，都会毁掉改善的成果。必须通过较高的管理标准和管理要求，巩固改善的成果，同时，实现改善成果的延伸。

一、改善效果到底跑哪去了？

为什么改善成果总是得不到沉淀和保持呢？

我相信很多人都有类似的困惑。

如何维护改善成果？大家能想到的首先是标准化作业，制作改善后的作业标准，对相关人员进行培训、监督和考核。

不过，很多时候，改善很明显，效果却不是很好。为什么呢？我们来说说一个企业的案例。

这是一家生产汽车零件的工厂，在一次改善周活动中，经过一周的团队改善，成功地将某系列产品的生产率提高了28%，制造周期从原来的18天缩短至10天。

但是，不久之后，公司的经营团队发现，这次改善的成果并没有很好地体现到公司的经营效果上，客户的交期还是那么长，还是经常被催货。

老板觉得有点不解，明明是改善了，怎么体现不出效果？

问题出现在哪呢？

二、"留一手"的想法要不得

后来，我再去这家工厂时，针对上面的问题，特意对企业的管理系统进行了深入诊断，我分析的结论是：

改善很努力，管理太宽松。

过于宽松的管理，淹没了改善的成果。

为什么会出现宽松的管理呢？

有时候，是因为管理者没有进一步提出更高的管理要求；有时候，传统的"留一手"意识也直接导致了宽松管理。

在管理过程中，往往有两个忌讳：

一怕标准低。管理上制定的标准太低，或者几乎与现状相差无几，或者不具有挑战性，或者留有较大的空间。

二怕要求低。在管理的过程中，要求不高，无视执行的偏差，或者对错误的纠偏过于宽松，高标准，低执行。

就拿上面这家企业来说，改善后，生产周期明明可以做到10天以内，但是，在管理上，却并没有提出10天交期的要求，也没有对客户的交期承诺调整到10天，整个管理系统，还是按照18天的标准去执行。

- ❖ 销售的承诺交期没变，还是按18天去承诺客户。
- ❖ 生产计划的交期要求没变，还是按18天的目标安排生产计划。
- ❖ 生产的交期管理没变，整个生产的过程中，还按18天的进度来管理。

表面上来看，明明可以做到 10 天，但还是承诺客户 18 天，这是典型的"留一手"的管理，给自己留下了较大的缓冲空间，看似应该有利于客户交期的达成。

殊不知，这种标准低、要求低的"宽松化"管理，对改善成果的维护，或者持续改善却是致命的。

在宽松管理的情况下，订单处理人员还是若无其事地处理流程，生产系统还是轻轻松松地控制流动，支持部门还是不紧不慢地处理异常……

久而久之，大家都没有把改善后的 10 天当一回事。久而久之，客户的交期问题、催货问题也依旧没有改善。

三、改善成果唯一的出路是更高的管理行为

用低水平的管理去管理改善后的成果，最后肯定难于看到改善的终极效果。

道理很简单，再大的改善，在舒适区的管理之下，终究会被打回原形。

好比一个人跑步，经过一番专业的苦练，你明明具备了每公里耗时 5 分钟的配速，之后，却整天跟配速只有 8 分钟的人一起舒舒服服地跑，久而久之，你的配速慢慢就退回到 8 分钟的水平。

所以我们在改善和管理的过程中一定要把握好两者之间的相互促进因素。通过改善和创新，把管理指标提高至一个新的高度。

通过较高的管理标准和管理要求，巩固改善的成果，同时，实现改善成果的延伸。

如果生产周期可以由 18 天缩短到 10 天，那么，我们的管理系统中就要把 10 天当成我们的管理目标，然后，我们不妨激进一点，把 10 天的目标植入相关的业务工作中：

- ❖ 运营部门，就应把信息系统中的交付订单周期时间修改为 10 天。
- ❖ 销售部门，就应按照 10 天的周期去承诺客户的交付时间。
- ❖ 计划部门，就应按照 10 天的周期去安排生产计划和进度。
- ❖ 生产部门，就应按照 10 天的效率去组织生产和资源调度。
- ❖ 支持部门，就应按照 10 天的速度去解决日常管理的问题。

这样，你就会发现，工厂整个运营系统的各种要素都在发生着积极的联动，大家就会在前期改善成果的基础上调整相关的管理行为。最终，改善成果能够体现到整个价值链的各个环节，而不仅仅是停留在总结报告的 PPT 上。

那么，再接下来，我们能否进一步提高标准呢？要求 9 天？8 天？甚至更短的交期？

那么随之，也将在更高的要求上，提出更高的改善目标和改善活动。很自然，改善和管理之间就会形成一种良性的 PDCA 循环，改善成果也会转化成企业实实在在的效益。

改善成果转化的唯一通道，是管理的相向而行。

改善成果能否实现转化，与改善本身无关，管理跟上了，成果自然呈现。

【成功因子-2】
为何改善之后看不到公司效益的提高

成功因子

如何将改善成果转化成企业的效益呢?不是简单的财务核算,而是要把一种结果转化成另一种结果,是两个结果之间的演化过程。只有建立以提高效益为目的的管理行为,才能将点上改善的成果,真正转化成企业看得到的面上的收益和效益。

一、改善成果怎么看不到效益？

2021年11月，在某企业做改善周。这次改善周的效果非常显著，实现单件流生产模式，生产率提高了23%，生产周期由原来的5天缩短至2天，现场5S明显改善。

按照改善周惯例，最后的议程是向管理层汇报改善成果。一切都很顺利，但最后上台发言的总经理却在百般犹豫中，给团队浇了一盆冷水。他说："这次改善周的效果虽然明显，生产率提高了那么多，但是呢，有效益吗？包括上一次的改善周，效率和产能都提升了，但是，最终，我完全没有看到效益！"

总经理的一盆冷水，把整个团队的热情浇得冰冷冰冷的，辛辛苦苦改善了一周，提高那么大，最后，竟然被老总贬得一文不值！

事出必有因，总经理的抱怨也是有原因的。在一个月之前，另一个车间刚刚实施了一次改善周，生产率UPPH提高了46%，产线的产能提升了50%，但是，从公司经营的角度出发，企业效益却并没有体现出来。产能增加了，订单并没有明显提高，客户的交期还是那么长；效率提高了，生产运作成本并没有在财务上降低；单件流是实现了，但是库存的总体水平还是一样的高。

老板对这样的结果显然是不满意的。任何改善，站在老板的立场，必须要体现到公司的效益上。

那么，改善的成果，应该体现出什么样的效益呢？

二、你要的效益是什么？

首先我们先来搞清楚，这个效益，到底是什么？

千万不要简单地把效益等同于财务收益，那是狭义的理解。我们可以从三方面来评价：

1) **有效产出是否增加**。有效产出不是单台设备的产出，也不是单条流水线的产出，也不是整个车间的产出，而是要体现到最终交付给客户的产出，简单来说，是工厂有效交付给客户的产量。

2) **总体库存是否下降**。公司的总体库存包括原材料库存、半成品库存、成品库存，是否得到整体下降？如果是某个局部实现了单件流，并且提高了产能和生产率，但是该局部的提效如果引发另一种过量生产或者过多库存，那么这个局部的单件流对企业的总体库存是没有贡献的。

3) **运营费用是否降低**。运营费用包括人工成本、管理成本、能耗成本（水、电、气）、设备维修费用、备件成本、相关的耗材等各种费用。我们通过局部的改善，实现了生产率的提升，产能的提升，生产周期的缩短，搬运浪费的消除，作业人员的减少等。这些改善成果，要最终体现到运营费用的实际降低上。

三、转化的中枢在于管理行为

那么，关键的问题来了，改善的效果，如何转化成经营的效益呢？

有人会说，效益这件事很简单，找财务的人员参与，把改善成果用财务节约核算出来不就得了。精减了10个人，每人按一年8万元计，掐指一算收益就是80万元；空间节约了1000平方米，按场地的租金算，可轻轻松松算出租金节约。

但是呢，这种财务收益的核算方式，并不能真正解决转化的问题。我也不太鼓励企业太过于关注这方面的财务核算，在《有必要用财务数据去衡量精益吗？》一书中已进行了论述。

这里的关键词是"转化"！

这种转化，不是简单的财务核算。**而是要把一种结果转化成另一种结果，这种转化，是两个结果之间的演化过程。**

如何演化呢？我们用什么方式去驱动两个结果之间的演化呢？

这个驱动力就是管理行为。什么是管理行为？

它是围绕着标准或目标而展开的日常管理活动。

比如，我们要求员工必须正确佩戴厂牌上班，那么，如果有人没有正确佩戴，大门口的保安是否会做出纠正行为？员工的上司是否会有进一步的教育和监督行为？

这种管理行为，就是驱动一种结果向另一种结果转化的中枢，它是一个动态的演化过程。

四、想清楚目的的目的

那么，改善成果转化的管理行为应该如何做呢？

我们先来搞明白"目的的目的是什么？"

问：制作快速接头的目的是什么？

答：是缩短产品切换的时间。

问：缩短切换时间的目的是什么？

答：是提高产品切换的效率。

问：提高产品切换效率的目的是什么？

答：是提高生产柔性。

问：提高生产柔性的目的是什么？

答：是每天可以进行更多品种的生产。

问：每天更多品种生产的目的是什么？
答：是满足客户订单均衡交付的需要。
问：订单均衡交付的目的是什么？
答：是获取更多的业务订单。

你看，随着"目的的目的"的展开，你能找到两端的改善结果和经营效益。快速换模的改善结果是缩短切换时间，经营效益是业务订单，那么，从改善结果到经营效益的中间过程，就是我们所需的管理行为。

需要什么样的管理行为呢？

就是要实现每天生产更多的品种，原来每天只能做两种规格的产品，现在可以生产三四种产品，那么，我们要从生产计划的角度，把这种排产固化下来。而这种生产计划的调整，就是改善过后的管理行为。

如果明明现在每天能做三四种规格的产品，生产计划还是按照原来的两种规格进行排产，那么，这种改善就只能停留在改善成果上，而不能转化成经营效益。

五、应用场景一：效率产能提升后的管理行为

在改善的过程中，有哪些管理行为需要建立呢？

我们来假设几个改善场景。

第一个场景：改善后，生产的效率产能提升了，原来每个小时的产量100件，现在可以做到150件，那么，后续需要什么样的管理行为呢？

【管理行为一】在不出现过量生产的前提下，生产计划是否按新的产能来排产呢？

【管理行为二】如果总量不变，上班时间是否可以缩短呢？

【管理行为三】如果每天上班时间不变，那原来每周上班6天，现在是否可以变为5天？

【管理行为四】是否可以由两个班生产优化成1个班生产，以便节省1个班的人员和管理成本呢？

【管理行为五】如果是计件制的，标准工价是否可以适当调整呢？

【管理行为六】产能变了，能否在ERP系统中，将标准产能、标准成本进行更新修正呢？

【管理行为七】产能提高了，是否可以和销售或客户达成共识，可以承诺更大的产能交付能力呢？

以上是针对效率提升的改善而延伸出去的管理行为。如果改善了效率，却没有同步做相关的管理行为，那么改善成果是无法最终转化成经营效益的。别让舒适的管理毁掉改善的成果。

六、应用场景二：生产周期缩短后的管理行为

第二个场景：通过改善，生产周期缩短了，原来是 30 天，现在 20 天，那么，后续需要什么样的管理行为呢？

【管理行为一】能否把 ERP 系统中的标准交付周期修改至 20 天？

【管理行为二】销售部门在接单的时候，能否按照 20 天来承诺客户交期？

【管理行为三】PMC 生产计划在排产的时候，能否按 20 天来排生产计划？

【管理行为四】生产现场管理，能否每一个环节都按改善后的 20 天来调度管理呢？

【管理行为五】我们的绩效考核，能否就以 20 天为管理指标？

想象一下，如果缩短了生产周期，却没有进一步去建立基于 20 天交期的管理系统和管理行为，而还是按照原来的 30 天去接单和管理，那么，这个改善成果就无法转化成销售接单的优势，无法转化成更多的业务订单，也不可能转化成公司经营的收益。久而久之，生产周期还是一样长，交期还是一样乱，客户还是整天追个不停。

七、应用场景三：人员精减后的管理行为

第三个场景：某车间经过精益改善，某工序节省了 3 个人，那么，减员后，我们需要哪些管理行为呢？

【管理行为一】能否把精减的这 3 个人交给其他真正需要的部门或车间（而不是留一手，隐藏在自己的区域）？

【管理行为二】能否在人员定编标准上修改岗位人员定编，并且按新的定编来进行人员管理？

【管理行为三】在车间的招人计划中，能否把节省的这 3 人剔除掉？

【管理行为四】在车间工资核算上，能否把这 3 个人的成本进行二次核算？

【管理行为五】或者，给节省的 3 个人安排其他真正有价值的工作？

在"躺平式"的宽松管理中，常常会出现减员不增效的结果。比如上述 3 个人，虽然在工序上减下来了，但是，却并没有离开所在车间，他们还在车间做其他无价值的工作。为什么呢？因为车间的管理者希望留一手，或者压根就没有打算真正精减这 3 个人，结果，虽然工序上有所改善，但是整个车间却看不到整体的效益。

八、点线面的转化

还有很多的改善，需要我们提出进一步的管理行为，比如：

❖ 空间节省了，需要建立哪些管理行为？

- ❖ 库存降低了，需要建立哪些管理行为？
- ❖ 材料节省了，需要建立哪些管理行为？
- ❖ 能耗降低了，需要建立哪些管理行为？
- ❖ 产品切换时间缩短了，需要建立哪些管理行为？
- ❖ 计划稳定性提高了，需要建立哪些管理行为？
- ❖ 设备 OEE 提高了，需要建立哪些管理行为？
- ❖ 异常损失减少了，需要建立哪些管理行为？
- ❖ 一次合格率改善了，需要建立哪些管理行为？

…………

如何回答上述问题呢？不妨回到前面所讲的"目的的目的"，这些改善的目的是什么呢？想清楚后面的几个目的，就是我们要建立的管理行为。

只有建立这些面向效益的管理行为，才能将点上改善的成果，通过线上的管理，真正转化成企业看得到的面上的收益和效益。

【成功因子-3】
所有人都知道的问题，为何就是没人去解决

> **成功因子** 如何消除人人都知道却无人问津的现象？我们必须要具备问题即课题的思维模式，建立课题即立项的管理机制，构建可供外部力量发挥的平台。

一、人人皆知却无人问津

不知大家有没有这样的困惑：在企业里面，大家都在反馈同一个浪费现象，都在抱怨同一个问题，都在忍受同一种痛苦，但就是没有人去解决。比如：

大家都在抱怨生产线的效率太低，员工收入上不去，但就是没有人去改善它。

大家都在抱怨车间现场的5S很差，根本拿不出手让客户参观，但就是没有人去改善它。

大家都在抱怨工厂的物料搬运太多，物流浪费非常之高，但就是没有人去改善它。

大家都在抱怨食堂的伙食不好，连管理者都不愿意到食堂吃，但就是没有人去改善它。

大家都在抱怨质量不好返工太多，生产率也低下，但就是没有人去改善它。

…………

你看，如此种种抱怨的问题，大家每天看在眼里的浪费，每天都在承受的痛苦，是不是经常在我们身边陪伴着？

然而，抱怨归抱怨，这些问题有任何改变吗？

一天、二天过去了，没有一丝丝改变；

一个月、两个月过去了，还是没有一点点改变；甚至一年、两年过去了，依旧没有任何改变。

大家都知道的问题，就是没有人去改善它。

二、无奈的钢板，无奈的老板

某企业有个数控车间，专门为整机工厂生产外壳钣金件。它的生产流程，主要是用数控冲床或激光切割机，把一整块的钢板冲压或切割成各种形状的外壳钣金件，工艺流程不长，加工技术也不算复杂。这类工厂的主要成本之一，就是材料的利用率，材料损耗和报废的减少，直接就转化为工厂的利润！

然而，每次走到生产现场，大家都气得不行。每台机器上正在切割的钢板，都只是利用了其中差不多一半的料。在机器旁边的废料收集框中，每一块等待报废的钢板，都还余下大面积的钢板没有用上。总体算下来，材料的有效利用率不到65%！

如此明显的浪费，大家不知道吗？都知道。

总经理知道，现场的工厂厂长、生产经理、车间主任、工艺人员、采购人员……大家都知道。大家在一起的时候，常常都会提到这个浪费，都会抱怨损失太大，都会感觉管理有问题，但有意思的是，日复一日地抱怨，就是没人去解决，照样是一边生产一边报废。

这种抱怨，时间一长，似乎变成了一种茶余饭后的调侃。

后来，随着精益项目的延伸，我们精益团队特别提出要针对数控车间的材料浪费进行改善，要专门立项来改善，目标是节省300万元/年。在精益团队的推动下，材料损耗改善项目正式立项了！

当我把这个立项的消息传递给专门负责废品外卖的副总时，他淡淡一笑，意味深长地跟我说："这种事情也要立项来解决！"我理解他话里的意思，在他的意识里面，这应该是工厂管理者自身应该去做的正常管理工作，却还要通过外部的顾问推动，专门成立项目组来做，这真是令人无奈的事！

三、问题即课题，课题就立项

类似这样的情形，很多人在日常管理中都会碰到。问题就摆在那里，机会就在那里招手，但为什么我们总是无动于衷呢？里面的原因可能是多方面的，包括企业文化、宽松管理、员工惰性等。

我们暂且不去探讨无动于衷的原因，先想想如何突破这个瓶颈呢？我们不妨从以下三方面来下手。

第一，要有一种把问题当课题的勇气

问题就是课题，只要有问题，就是我们改善和攻关的课题，而不要逃避问题，或者仅仅停留在讨论问题的层面上。

第二，要有一个把课题立项改善的流程

一旦识别了浪费和机会，就有了改善的课题，那么就需要在公司范围内建立一种立项改善的机制和文化。

有人说，把它当作正常的日常管理就好了，有必要通过项目的形式来进行吗？当然有必要，只有通过项目的形式，这个课题才能在公司的监管体系下运转，而不至于不了了之。仅仅靠日常管理的推动，可能是做了没人知，不做也没人管，效果好不好也无人关心，那样并不利于改善的开展。特别是当项目需要公司资源支持的时候，项目运作方式比较方便操作。

当然，以项目形式进行的话，意味着公司也要建立项目管理的平台和机制。

第三，要有一个外部力量发挥的平台

适当借助外力来推动内部问题的解决，是一个比较聪明的做法。外来的和尚好念经，因此我们需要在公司内部建立一个让外部顾问参与管理和改善的平台。在课题识别和项目实施的过程中，适当让外部力量介入，可以推动内部问题，特别是一些顽疾的解决。

解决这个困惑的方法还有很多，包括文化层面的、管理层面的、体制层面的等多个层面。

【成功因子-4】
不要滥用精益去处理经营的问题

成功因子 精益比较侧重于解决企业的管理问题。有些企业经营的问题，不是简单的精益管理工具就能分析和解决的，千万不要用固态的精益管理思维去应对复杂的经营环境。

一、零库存错了吗？

从事精益快20年了，从初期的懵懵懂懂做精益，到后期的明明白白做改善，感觉自己对精益的理解在深入。从精益生产，到精益管理，再到精益思想，精益似乎越来越万能地应用于各个行业的各个领域。

然而，一方面是无所不在的应用，另一方面，自己的胆子却在变小，在某些领域，变得越来越谨慎。

而且，我越来越清晰地感觉到，在很多环节上，**我们千万不能简单地把精益管理的思想，机械地应用到企业的经营环节，精益管理思想，有时候也解决不了企业经营层面的问题。**

就拿库存来说，精益思想认为：

"精益的核心是消除浪费"。

"库存是万恶之源"。

"精益追求零库存"。

…………

我想，对大部分精益人士来说，以上这些观点是再普通不过的了。于是乎，精益改善都会不遗余力地推进库存的降低：降低原料库存，降低半成品库存，降低成品库存。

降低库存有错吗？

针对生产过程中的半成品库存，当然是越低越好，甚至零库存更好。

然而，针对原材料，如果真的采用零库存的方式，好吗？

还真的不一定。

过去3年的经历，正在无情地冲击着这种理念。在2019至2021年，受外部环境的影响，各种原材料的供应受到很大的影响，断供、涨价、逼停让企业疲于应对。

如果你的公司在2020年早期的时候，准备了足够多的芯片材料；在钢材价格较低的时候，预备了较多的库存或期货；针对一些关键部件，采取的是风险较小的库存策略，想象一下，现在你一定是做梦都会偷笑！

可不是嘛，在经营环境越来越复杂，外部因素变量越来越多的背景下，零库存反而会让企业失去抵抗风险的能力。

二、丰田的务实

这就是典型的经营的问题，它不是简单的精益管理工具就能分析和解决的，它需要更灵敏、更系统、更有远见的战略性经营意识和能力，甚至，有时候，就是一种感性的预判，连分析都用不上。

所有人都知道，丰田是零库存的缔造者，曾经是零库存模式的受益者。

然而，对于库存，丰田却非常清晰地走出了一个现实的生存之道。

2011年3月11日，日本大地震和海啸，切断了丰田的上游供应链。供货商受灾，涉及约500个种类的零件采购突然告急，受害的供应商名单里就有日本的芯片半导体巨头瑞萨电子。

这场灾难给丰田带来的影响是非常严重的。为了恢复生产，丰田处理日本本土的生产问题就用了4个月时间，国外生产恢复正常则用了将近半年。

受此大地震冲击的教训，丰田痛定思痛，在库存方面进行了重新的反思和调整。最引人注目的，是以半导体为代表的关键零部件，整个供应链的库存从原来的1个月增加到了4个月。

从早期的大野耐一开始，丰田就认为库存是万恶之源，致力于消除各种库存，甚至是极致地做到零库存。实现零库存的重要工具之一是看板管理，是丰田精益模式下的重要管理工具——和平模式，又称准时生产，通过减少全价值链的库存和相关成本，提升生产制造的竞争力。

但是，在经历了2011年日本大地震和半导体短缺之后，丰田也开始意识到，在特定的时期，看板管理追求的零库存，和持续生产、富余库存在本质上背道而驰。与此同时，库存增加，也意味着成本的提升和资产效率的降低。

现阶段，丰田正研究以数年为单位的长期订货，开始考虑以2~3年为周期进行关键零件的采购，同时，也在考虑对主要客户的库存进行统一管理。不再以精密的生产计划为基础，也不再以几个月为周期进行采购，而是直接考虑2~3年以后的库存储备，按照2~3年为周期进行关键零件的采购，以年为单位确保采购规模。

正是因为丰田库存策略上务实的变通，在2020年开始的这场多变量的复杂形势下，丰田并没有受到明显影响，交出了一份漂亮的成绩单。

三、切勿机械套用精益

千万不要用固态的精益管理思想去应对复杂的经营环境。

针对供应链的波动，其本质上是受到地缘关系、政治博弈、经济规律、科技竞争、疫情发展等多方面的综合变量影响。不管是过去、现在，还是未来，这种变量的不确定性，并不是简单的精益管理工具能解决的，它更多是一种经营的问题。如果我们机械地用零库存的管理思维去应对这种经营变量的话，反而会影响企业正确的采购行动。

还是拿原料库存为例，这种多变量的经营问题，我们更需要一种大经营思路，专业的期货操作，务实的战略性预判等，显然，这些都超出了精益管理工具方法的适用范围。

这么多年来，我一直聚焦于生产过程库存的降低，却较少去触及原材料库存或成品库存，这也是对精益工具有效性的一种谨慎态度。

【成功因子-5】
低效的生产是对制造业的一种"犯罪"

成功因子

低效的生产是对制造业的一种"犯罪",高效的生产是每一个管理者的天职!我从来没有看到哪家企业,因为把注意力和资金放在制造技术的提升上而把企业弄垮。相反,我却看到很多企业,没有在制造技术上投入,却把精力分散在非制造技术领域,最终把企业弄垮。

一、低效的生产就是一种"犯罪"

首先从一个企业故事说起。

这是一个曾经位列国内前三名的家电品牌企业。2019年,我受邀到该企业诊断调研。首先,我来到冲压车间,一进车间,我就被面前的一排排整齐的设备震惊了!

呈现在我面前的是一排排的老旧的单冲设备,而这种设备,还停留在行业几十年前的技术水平,其他同行早就迭代更新了!取而代之的是更大吨位的压力机和更加精密的连续模,再辅之以机械手,基本上是无人化作业了。

然后,我来到喷涂车间,看见4个工厂坐在2米高的台面上,把喷涂好的产品取下来放在台面上。下面,有几个员工又把产品从台面取下,放到物料车上。先不谈同行较先进的无人化自动取料,单单就员工坐在台面上取料的作业流程,太浪费了。

之后,我经过几个车间,来到总装车间,发现产线的节拍很慢,走走停停,到处是闲人与等待,生产率极其低下,低得简直让人忍无可忍!

当时我在现场就说:如此低效的生产,是对制造业的一种"犯罪"!

我始终认为:

低效的生产是对制造业的一种"犯罪",而劳苦的作业是对美好的一种摧残。

二、追求高效是管理者的天职

从精益的角度出发,我们应该很容易理解这个道理。但是,当这样的一个真实场景呈现在你面前的时候,你所有的感觉就只剩下失望了!

任何一个工厂,除了赚钱,我们还有一份责任,就是要把它做成真的像一个工厂!否则,它就失去了工业本身的价值。

我相信,没有任何一个企业经营者,主观上要把工厂弄垮。

但是,如果你不能正确遵循工业的规律行事,那么,结果,必定是凶多吉少。

2020年,传言该企业即将破产。

如此结局,外界有很多分析,但大部分人都倾向于其战略失误、投资不当、产品开发、营销策略等问题,但基本上没有关注到它制造系统的问题。

从我的分析来看,以上几方面都不一定是关键的症结,真正的症结,恰恰是该企业制造技术的落后!

作为一个高度竞争的行业,竟然还停留在几十年前的制造水平,低下的制造水平,意味着低下的生产率,低下的生产率,带来的结果是低下的工资!

那天我去这家公司的时候，当天正好发工资，很多员工收到工资条后就开始抱怨，发牢骚。你看，这就是一种典型的恶性循环，不改善→低效率→低工资→低意识（改善意识）。低下的工资，对社会来讲，也是一种负担，甚至可能是一种潜在的不稳定因素！

所以，我说，低效的生产是对制造业的一种"犯罪"！

早在20世纪后期，丰田在为所有供应商的领导者提供的经营手册中标明：生产率，决定了企业的生死！只有比竞争对手更有效地为客户提供高品质的商品和服务，才能获得更好的发展，而公司效率低于竞争对手则会灭亡。

作为工厂的管理人员，高效的生产是我们的追求，持续地提高生产力，是每一个管理者的天职！

三、比低效更可怕的是创新文化的缺失

长期不重视制造技术革新，导致的结果是制造技术的落后和生产率的低下。长期不重视制造技术提升的背后，是企业改善与创新文化的缺失。

创新文化的缺失，背后是意识与思维的落后，而意识与思维落后的根本原因，是核心管理团队，尤其是企业一把手的理念落后！

很多人抱怨制造业太辛苦，想去投资那些看似更容易赚钱的行业。

很多企业家擅长于经营和谋略，比如，享受政策优惠的红利、投资买地经营升值、商业模式四面开花、金融运作呼风唤雨！

然而，我发现，那些众多倒下去的企业，基本上都是败在制造业之外的因素。并且，**我从来没有看到哪家企业，把注意力和资金放在制造技术的提升上，而把企业弄垮的**！

即使你花了冤枉钱，购买了先进的硬件设备与软件系统，最坏的结果是闲置不用，顶多是多花了一笔公司可以承受的小钱而已。

即使你花了冤枉钱，请咨询专家来帮助你的企业实施精益生产、优化流程、提升效率与产能，最坏的结果是，跟咨询顾问合作失败，但经过改善，你的工厂肯定会发生一点点进步，哪怕是一点点的5S改善。

即使你花了冤枉钱，投入了资金做生产装备的改进，比如工装、治具、AGV等，但效果并不明显，但是，它并不会真正伤害到你的企业。

…………

可能的失败还有很多很多。

但所有以上假设，并不会真正影响到企业的正常运转，不会造成伤筋动骨的破坏。

而真正可能导致企业一蹶不振的，恰恰可能是那些制造技术以外的因素。

然而，如果不在制造技术上改善和创新，后果会怎样呢？结果只有一个：

技术上落后！即使在 2020 年，非常困难的上半年，我亲眼看到众多的企业，依然咬紧牙关，投入制造技术，比如精益变革、设备革新、工厂改造、产能提升等。结果呢？正好迎来了下半年的爆发性需求！

笔者服务的一家佛山企业，专注于研发和制造微电脑控制器、家用电器、电子产品。在 2020 年春节疫情最严峻期间，果断投入进行制造技术的改造和产能提升，购买生产设备，改进生产流程，优化工厂布局，实施精益制造，使工厂的制造技术水平、生产率、订单交期和品质保障能力大幅度改善！很快，随着疫情得到控制，该企业获得了大量的新客户、新订单，2020 年成功实现了企业经营的突破性增长和飞跃！

这让我想起了罗振宇在 2020 年跨年演讲所提到的"苟且红利"！

当别人都在苟且的时候，你只要比别人稍稍努力一点点，你就赢了！

当别人都忽视制造力的时候，你只要比别人稍稍重视一点，你就赢了！

当别人都对制造技术改善犹豫的时候，你只要比别人稍稍专注一点，你就赢了！

把注意力和资金放在制造技术的提升上，构建制造的核心竞争力，活得更长更好，是你的企业可以获得的赏赐。

第 2 篇

关于咨询顾问

【成功因子-6】
只要我在你的企业中活着,精益就可以持续下去

| 成功因子 | 路遥才知马力,岁寒方识劲松。找对一位导师,长期稳定合作,长期地跟他学习,长期地让他辅导,让他在你的企业活着,好好地活着,那么,你企业的精益,一定能得到长期收益。 |

一、顾问活得好，精益就能持续好

如何让精益在你的企业能够持续地推进下去？

一个很简单的做法就可以。

我经常跟企业的管理者说："只要我在你的企业中活着，你的精益就可以持续下去！"

是不是很简单？

也许你不以为然，只要反过来想想，你就明白了：

如果精益专家顾问在你的企业中活不下去了，精益能继续下去吗？

如果精益辅导的专家顾问离开了，后面的结果怎么样呢？

无非就两种结局：

第一个结局：精益终止，你公司的精益变革也随着停滞下来，以后再启动，难度更大。

第二个结局：更换专家或服务机构，这个老师不行，就换一个，项目短期内有波动。

不管哪一种情况，对企业来讲，都是一样的损失。

二、可以嫌弃，但不要放弃

很多企业，很多人，都可能会有第二种做法。

理由很简单，不行就换，老师不行，换一个，机构不好，换一家，反正市场上一大把。

这样的做法，是极度危险的。

衣服可以越换越新，工具可以越换越好，但顾问老师作为一个自然人，一个技术专家，却是完全不同于一般商品的。

评价这个顾问不行，再找一个，中间肯定有一段时间的真空期，这期间会产生大量的不确定因素，比如公司组织变化，公司战略调整，管理人员变更等，任何一个不确定因素都可能使项目一蹶不振，而且，即使你换了另一个顾问，可能也好不到哪去。

道理很简单，这就好比婚姻，总觉得现在拥有的不是最好的，今天你因为嫌弃对方口臭而分手，明天再找一个，可能是脚臭，后天再换一个，可能是打呼噜，左换右换，都有缺陷，哪一个都好不到哪去。

然而，现实中，却是常常有些企业，看似精明，实际上笨得要命，动不动就找些问题嫌弃老师，挑剔老师，辞退老师，更换老师，最终反过来伤害的是企业自己。

在双方关系中，真正难的事，不是嫌弃或放弃，而是在长久的相守中找到

相互之间可持续的价值。

三、路遥才知马力

一家优秀的企业，必定会有优秀的咨询顾问相伴成长和发展。

一个资深的顾问，他身上的经验和价值，绝对不是企业一年两年就可以学完的。

很多年前，我还在一家美国企业工作，负责公司的精益工作，当时我们公司聘请了一个美国的精益咨询公司，负责辅导我们的是一位丰田出身的顾问，年近60岁的精益专家。

在辅导我们的前两年中，他只辅导我们建立JIT连续流标准化作业，然而我们却很想尽快学习和应用新的技术方法，比如丰田生产中最神奇的看板拉动。于是，我们经常问老师能不能辅导些新的东西，可他总说："别急，先把连续流做好，现在的任务就是尽可能创建连续流。"

时间长了，我们自然以为这位老师可能没什么新东西，慢慢也就产生了换老师的想法。

后来有一次，我们终于开展了一个新的日常管理改善周，大家都很重视，参加改善周的人员级别也比较高。

但是第二天早上，顾问老师却姗姗来迟，并且拉着行李箱，把行李箱一放，就开始批评我们改善周团队，足足批评了10多分钟。最后他说，终止与我们公司的合作关系，本次改善周马上结束，并让公司安排车马上送他去机场！

当时的我作为中国区精益负责人，听到顾问老师说终止跟我们公司的合作时，内心其实是有一丝丝窃喜的，因为我们早就想尝试一下其他新的顾问了。不过，随着美国总部的介入，我们非但没有终止与该顾问专家的合作，反而，在接下来几年中，合作得更多了，也恰恰就是随后的几年，我们从这位老师的身上，学到了大量的精益新技术、新方法。我们和这位老师整整合作了7年，直至我离开企业踏入咨询行业。

时至今日，回想起来，我深感幸运，我跟着这位导师学习了7年。这位老师不是没有水平，而是指导我们有节奏地深入推进。如果不是拥有这个稳定的长期合作，我们不可能学习到如此系统化的精益技术。如果我们不断地变换老师，我们也许能从每个老师身上学到新鲜的几招，但不可能得到精益技术的全部精髓。

所以说，千万不要轻易否定老师，路遥才知马力！

四、岁寒方识劲松

在企业中，管理团队和职业经理人常常处在不断的波动中，这种组织上的频繁波动会影响精益的延续性，甚至，不同的职业经理人可能会推翻前人辛辛苦苦创建起来的精益模式。好不容易沉淀的精益文化，常常被波动的管理组织冲击得支离破碎。

而这个时候，长久而稳定的咨询顾问就变得非常有价值，无论你的组织如何调整，无论你的人员怎么变更，只要咨询顾问稳定地在企业中活着，精益模式就不会变形，精益文化就能得到延续

我从2013年开始就持续地为广东的一家卫浴企业提供精益辅导。这么多年来，我作为精益顾问一直在该企业中推行精益，辅导基本上没有中断。这么多年间，内部管理人员不断更迭，中间曾经几度因为新加入的职业经理人缺乏精益的系统认知和专业实践，对精益的推进工作和精益模式造成了负面的影响。甚至，在某个事业部，生产模式一度倒回了改善之前的状态。但幸运的是，我作为精益顾问一直都稳定地活跃在企业中（也就是我在本书中所说的活着），该企业的精益一直持续地沿着精益的主线路前行。即使中间几度受到外来职业经理人的干扰，并出现一些思路上的偏差，但因为顾问老师活得更长、更稳定，最终得以"拨乱反正"，回到正确的精益模式，使精益的技术主线得以延续下去。

反过来做个假设，如果推行精益的过程中没有顾问老师的稳定性和持续性，该企业的精益工作会怎么样呢？在不断变换的职业经理人的差异化管理中，前期的精益变革成果是很难得到沉淀的。

这就是长期稳定的技术顾问所带来的可持续性价值！

五、活着本身就是一种意义

当我还在大学的时候，听了一场关于哲学的讲座，当时有一位同学就询问哲学家："人活着的意义是什么？"

哲学家的回答非常简单，"人，活着，本身就是一种意义！"

精益顾问之于企业的意义又何尝不是如此呢？

我们要做的事情，就是要让精益的专家顾问，能在企业中活下去，好好地活下去。专家顾问活得越好，企业的精益就能持续得越好。

只要专家顾问活着，你企业的精益活动就不会中断，就越能把精益沉淀下来。

专家顾问活得越好，他在企业中越有威望和影响力，就越能帮助企业把精益做好。

我这么倡导，并非因为我现在是一名精益顾问，为精益专家顾问说好话。事实上，我曾经作为企业精益负责人，享受过这种外部顾问"好好活

着"的收益；我现在作为精益顾问，也以自己"好好活着"的模式帮助到众多企业。

　　找对一位导师，长期稳定地合作，长期地跟他学习，长期地让他辅导，让他在你的企业活着、活好，那么，你企业的精益，一定能得到长期收益。

　　"让精益顾问好好活着"——是企业可以得到的成功因子！

【成功因子-7】
你若不离,我定不弃

——咨询顾问有时比企业自己的员工更加忠诚

成功因子	你若不离,我定不弃!咨询顾问比企业员工要忠诚得多,作为外部专家和供应商的双重身份,咨询顾问有着先天的责任和压力。用好咨询顾问优势,发挥咨询顾问价值,是每一个企业精益路上可以选择的成功因子。

一、冷眼看顾问

很多时候,大家是不是经常听到这样的一些言论:

"顾问老师只是来培训一下的,讲完后拍拍屁股就走人了。"

"咨询老师只是短期来辅导的,是不会真正对企业负责任的。"

"现在老师在辅导,我们有了改善,但老师一走,是维持不了的。"

"老师不是我们的员工,咨询顾问迟早是要走的,出了问题最终还得我们来负责。"

…………

如此之类的言论,把咨询顾问放在与公司内部的对立面上,给大家的感觉就是:咨询顾问只会追求短期目标,缺乏忠诚度,迟早要离开,不会对公司负责任!

二、看似忠诚的不忠诚

对此类观点,我并不随便评价,作为一个职业咨询顾问,我的观点恰恰相反。

"咨询顾问比企业内部的员工要忠诚得多,负责任得多!"

乍一听,大家可能完全不能接受,稍稍想想,确实如此。

我们不妨来反省一个问题:公司内部自己的员工一定就是忠诚的、负责任的吗?

还真不一定!

这确实是一个非常无奈但又不得已要面对的现实。在公司内部,在某一段时期内,当然不乏一些忠诚负责的人员,但是,放在更长的时期来看,大家都面临着这些困惑:

很多员工随时都可能提交辞职信,离开公司!

昨天还信誓旦旦手拍胸脯地表态,明天就跑到对手那边面试去了。

刚刚给你的下属升了职,也加了薪,结果,没多久,人就提交辞职信了。

以为某个优秀员工跟着企业多年,老实可靠,背地里却借公司的资源做着小勾当。

在重要项目中郑重承诺,还在责任状上签了字,回到工作中就丢一边,不重视、不行动。

有些看似忠诚可靠的功勋级的老员工,却处处拉帮结派做小圈子,绑架老板意志。

…………

企业内部自己的员工,还真不是想象中那么忠诚、负责和可靠。而且,针对这类不忠诚、不负责、不努力的行为，公司还没太多有效的方法。打不得、骂不得，考核不到，奖金还不得不发，发了奖金还嫌少。

三、看似不忠诚的忠诚

反过来看看咨询顾问，我相信，对大部分职业咨询顾问来讲，基本都可以遵循一个原则：

"你若不离，我定不弃！"

只要你的企业不放弃，有哪位咨询顾问会离开呢？

看似不忠诚的背后，恰恰是一种不离不弃的忠诚。

咨询顾问只要对企业有价值，只要企业继续用他，我想，任何一个咨询顾问都不会拒绝的。

不仅仅是价值的体现，单纯从商业角度出发，咨询顾问也是要赚钱的，有钱赚，又能体现价值，怎么可能拒绝呢？

不妨做个简单测试：

- 对曾经被你放弃过的或者终止过合作的咨询顾问，邀请他（或她）继续提供培训和咨询，看看哪些人会拒绝。——估计80%的咨询顾问都不会拒绝。
- 对已经离开公司的员工，不管是主动离职还是被动离职的，你邀请他（或她）重新回公司上班，看看有多少人会答应。——估计80%的人会选择拒绝。

我想，这两种情况的对比结果，大家心里肯定是有数的。从这个角度出发，咨询顾问，比企业的内部员工要忠诚多了，不仅忠诚，还可靠、负责！

四、没有对比就没有伤害

作为员工，你可以激情高效地工作一天，也可以平平淡淡地混过一天，并且无人问责；你也可以创造卓越绩效，也可以普普通通地表现，并且也能维持住你的职位；你可以多负点责任，也可以少负点责任！

而咨询顾问呢？可是一天也不敢有丝毫怠慢啊！一方面是技术顾问，另一方面也是服务的供应商。身为供应商，要把客户当上帝对待。他更加关注辅导的成果和交付的绩效，追求100%满足甚至超越企业的期望，以获得更高的评价和认可。如果做不好，就会影响双方的合作关系。

我在【成功因子-1】中提到，管理有两怕：一怕标准低，二怕要求低！既是外部专家，又是供应商，外部顾问先天的责任和压力都比内部人员要大。原因很简单，外部顾问与企业之间除了技术顾问的职能之外，他们还有着明确的商务压力，任何一个细节的失误或失败，都可能导致商务合作的中断，继而影响自身的评价与口碑。

无论是工作责任心、目标绩效、商务压力还是口碑评价，职业顾问都要面对极高的要求，这也是职业顾问之所以存在的价值和生存的基础。

只要企业不放弃，作为一名职业的精益顾问，是可以相守一生，服务一世的！

挖掘咨询顾问的潜力，用好咨询顾问的才华，发挥咨询顾问的价值，是每一个企业精益路上可以选择的成功因子。

【成功因子-8】
不必过度关注是否有同行业经验

成功因子

不必过度关心顾问是否有同行业经验，专业的精益专家或技术顾问所依靠的核心价值和技能在于精通并善于把工具用好！即使面对一个你从来没有接触过的行业，你也可以从容地选择、应用甚至开发合适的工具方法。在错综复杂的陌生环境中，通过工具方法的应用，找到问题的解决方案，而不是生搬硬套同行的经验或做法。

一、别问我是否做过同行业

如果你的企业需要聘请精益顾问,你是否非常在意他是否有行业经历呢?
我想,大部分人是有这方面情结的。
所以,当我去给企业诊断和辅导的时候常常会被问到一个问题:
"余老师,你之前做过我们这一行的企业吗?"
"余老师,你以前辅导过同行的哪些企业呢?"
十几年来,虽然历经众多行业和无数企业,但每每碰到类似的问题时,我都会淡淡地说:"你不必关心我是否做过同类型企业,也不必过于看重我是否曾经做过你这个行业。很多时候,恰恰因为我没做过你这个行业,所以你才有更大的改善空间!"
闻者愕然,一脸不解。

二、没有同行业经验,改善空间更大

正因为我没做过你这个行业,你才有更大的改善空间。
为什么呢?
如果我做过同行业企业,或者整天泡在这个行业中,我的水平可能比你高不了多少。如果我做过同行业企业,我在给你辅导的时候,也许可以分享一些同行业的经验和做法,但是,简单的复制同行业或者直接引入同行业经验,却并不一定适合你的企业,那样也不能代表一个咨询师的专业水平。那样做证明他顶多是一个在行业间传递信息的人而已,并不是用专业能力在辅导企业。
如果你想获得更多的同行业经验,还不如直接从同行企业那边挖人过来呢。
2009年我刚刚从企业出来从事精益职业咨询时,面对各种各样的行业,我根本就没有见过,更谈不上做过或辅导过。

- ❖ 当我开始辅导电机工厂的时候,我对电机是完全陌生的。
- ❖ 当我开始辅导空调工厂的时候,我完全没有接触过空调生产。
- ❖ 当我开始辅导离合器工厂的时候,我也是第一次接触汽车配件行业。
- ❖ 当我开始辅导眼镜工厂的时候,我既不戴眼镜,也不了解眼镜生产。
- ❖ 当我开始辅导服装工厂的时候,我连服装工厂都没进去过。
- ❖ 当我开始辅导家具企业的时候,我之前更是对它毫无经验。
- ❖ 当我开始辅导皮革行业的时候,我不折不扣就是一个外行。

....

直到现在,我依然还在尝试很多很多陌生的新行业,甚至,有些行业还是新兴的产业。

我帮助一个又一个企业走上精益变革之路。

面对一个又一个新行业，我既没做过也没见过，更谈不上任何经验。

那靠什么呢？

三、简单的工具用到极致，你就是专家

一个真正的精益专家，他靠的显然不是在同行中获得的一些经验和做法，再去别的企业推广。

职业精益专家所依靠的核心价值和技能在于精通并善于把工具用好！

即使面对一个你从来没有接触过的行业，你也可以从容地选择、应用甚至开发合适的工具方法。

在错综复杂的陌生环境中，通过工具方法的应用，找到问题的解决方案，而不是生搬硬套同行的经验或做法。

比如，刚刚进入一个全新的行业和企业，你如何应用好 PQ-PR 分析快速梳理企业的产品系列，找到产品族规律，然后，进一步根据不同的产品族，制定相应的生产模式。

比如，你不是一个工艺方面的技术专家，你既不懂模具技术，也不懂产品设计，你该如何应用好 RS 流程标准化的工具，结合 DFM-DFA 的方法，制定工艺标准化和技术革新的解决方案。

比如，在一个完全陌生又复杂的企业里面，你如何应用好 VSM-VSD 价值流分析与设计的工具方法，识别加工流、物料流和信息流的问题和机会，制定全价值流的系统解决方案。

比如，面对一种你完全没有接触过的设备，你如何应用好 SMED（快速换模）的各种分析工具和改善手法，制定快速换模解决方案，缩短切换的时间。

这些，都是一个精益专家需要掌握并且能够应用好的工具。有了这些工具方法，不管面对什么样的行业或企业，都能找到定制化的解决方案。

当然，仅仅掌握工具方法是完全不够的，那样很容易陷入一种只有理论没有实践的困境。

我们既不能盲目地实践，也要避免为了应用工具而使用工具。

一个真正的精益专家或咨询高手，应该能够正确地选择并应用适合企业解决问题的工具方法。

即使，没有现成的工具方法，也能根据客户情况和问题特征，进行定制化的开发，创造出适合解决方案的工具方法，结合专业的咨询套路和职业精神，实现流程与绩效的改善，并最终沉淀为企业的流程和文化，而不是昙花一现。

正是"简单的工具用到极致，你就是专家"。

【成功因子-9】
同行即外行

成功因子　不要过度关注同行，因为同行不一定比自己优秀，特别是那些整体水平都比较低的行业。我们应该多去看看本行业之外的其他行业，或者站在第三者的视角来审视自己工厂的改善空间和机会。

一、低水平的行业难有高水平的标杆

不看同行，也不要过度迷恋同行，更不要局限于同行。

因为，很多时候，**同行就是外行，只是局中人不知道罢了**。

我这么说，肯定很多人觉得诧异，因为我们大部分人已经习惯在同行业中去寻找并借鉴别人的成功经验了。

可是，在改善和创新的过程中，如果仅仅关注同行的经验和做法的话，那样反而会约束自己的思维。

特别是对一些本来就是较低水平的行业，即使是该行业龙头或行业老大，它们的管理水平或精益程度，可能都比不上其他行业的普通水平，比如家具行业、皮革行业、橡胶行业、服装行业、小五金行业、箱包行业等。在这些技术和管理整体水平较低的行业中，同行企业显然没有多少值得学习和借鉴的地方。我们要跳出同行，从其他行业去寻找变革的灵感和机会。

在一个低水平的行业中，你是找不到高水平的标杆企业的。

二、同行即外行

不要过度关注同行，因为同行并不一定很优秀，特别是那些整体水平都比较低的行业。我们应该多去看看本行业的其他行业，或者站在第三者的视角来审视自己工厂的改善空间和机会。

我曾经辅导过一家传统的皮革加工企业（以下称 A 企业），刚开始辅导的时候，听到最多的一些回应就是：

"某某皮革工厂曾经做过类似的尝试，没成功，失败了"；

"这个行业的其他工厂一般都是这么做的，是皮革行业比较普遍的做法"；

这么一来，这些尝试都成了行业的通用做法，一切是正常的了，仿佛没有可以改善的了。

这是一种典型的"狗鱼综合征"。

我明确地跟大家说：**"不要去看同行，也没必要去看同行！"**

为什么呢？我说，如果我们的视野一直关注于同行的失败经验的话，那你就没多大的改善空间了。很多时候，我们恰恰要跳出行业来看待我们的改善机会，从第三者的视角来寻找创新的方法。如果你仅仅关注同行的实践，你会发现，完全没有多少可供借鉴的机会！

就拿皮革加工行业来说，国内最顶尖的 B 企业，也就是大家公认的标杆企业，被称为地球上最大的皮革加工企业，但现场的管理水平和精益程度却比较低。我去调研的时候，以精益改善的眼光来看，即使问题和机会很多，但也没有多大变革空间，因为它的厂房太老旧了，楼上楼下，分布零散，每个车间面积都很小，还上坡下坡的，很多改善受制于厂房结构，你想重新布局的话，连基本条件都不具备，很多精益的改善方案根本没法实施。

所以，如果大家都把这个企业当成行业标杆来学习的话，根本就没多大的改善空间。

但是，我们能不能站在其他行业来看皮革行业？

能不能站在汽车行业的角度来看皮革行业的改善机会？

能不能站在家电行业的角度来看皮革行业的改善空间？

能不能根据电子行业的做法来看皮革行业的改善行动？

我认为是完全可以的，在 B 企业，受制于厂房情况，很多精益想法确实很难实施，比如连续流生产，连进行布局调整的机会都没有。但是在 A 企业，它的厂房规划是在一个平面上，厂房的空间结构宽敞，很多在 B 企业难于实现的改善措施，在 A 企业完全没问题。

所以，我们在改善创新的时候，千万不能一味地去参考同行的做法。很多时候，同行本身就是外行，因为，大家都在一个低水平的圈子内。

三、由外而内创新

我们在某家具行业龙头企业辅导的时候也是如此。2015 年之前，家具行业的生产流程基本上都是孤岛式的做法，典型的"面朝黄土背朝天"，到处是搬运，到处是库存，效率低下。不过，在当时整个家具行业来看，这是再正常不过的现象，因为中国所有的家具厂基本上都是这种做法。

但是，我们站在汽车行业的角度，站在家电行业的角度，以第三者的角度来看，这种传统的生产方式是非常落后的。

精益追求生产过程流动性，从原料到成品的加工流、物料流和信息流都要不间断地流动起来，特别是加工流，要尽可能建立连续流的生产模式。

然而，中国众多家具企业中，并没有这方面的成功应用，即使有，也是一些不堪回忆的失败尝试。我就听过不下五家企业，在前面请过咨询专家，也试着引进过流水线，但最终，都失败了。

然而，站在家电和汽车行业的角度来看，福特在 100 多年前就创建的流水作业方式，是再普通不过的工业模式了，家具工厂应用单件流的方式在技术上完全可行的。

后来，该企业请来了大量来自家电行业的高管，引进了外部的精益顾问。正是这些来自行业之外的管理人员和技术顾问，跳出家具行业的局限，快速推进精益连续流的变革。而后，在短短几年间，该企业就使生产模式脱胎换骨，成为行业的精益标杆。

四、同行相轻

创新性的突破，往往不是来自行业内部，而是来自行业之外，制造行业如此，互联网行业同样如此。

另外，人们在参观同行企业的时候，特别容易陷入一种"找差思维"。很多人去参观同行企业的时候，往往不是去寻找同行企业的亮点和可借鉴之处，反而去寻找人家比自己做得差的一面，或者寻找一些失败的共鸣。

同行之间，往往看不到彼此亮点，反而会有点"同行相轻"的味道。

有一次，我安排一个现场管理较差的企业到另一个同行标杆企业参观，回来后，他们很多人竟然评价说：

"这企业的很多做法跟我们差不多，也好不到哪里去。"

"这企业做过类似的改善，也失败了。"

"这企业的车间现场有些地方也挺乱的。"

这种比差的思维，简直是令人无语啊。

五、外行的专业

不要过度关注同行的做法，也意味着不必过多关注同行的所谓的人才。很多企业在招人的时候，喜欢从同行中去挖人，上至高层，下至工人。

大家想想，在一个较低水平的行业中，能有高水平的管理者吗？很多时候，我们要跨界去找人才，跳出行业去学习新管理，这样，才会有真正的创新。

我很欣赏一个企业家，他在寻找高管的时候，基本上不去找同行，更不会去挖同行，就喜欢去其他行业找人。他的观点很简单：在行业之内，再怎么找，也很难找到超越我的人了，我要从其他行业去找互补性的人才。

有一家机电企业，几十年以来，都是用熟练的师傅，从头到尾独立完成组装的全过程。这种技艺高超的师傅在行业中特别吃香，常常成为各企业相互挖取的宝贵资源。这些关键的资源，在某种程度上，反过来又绑架了企业的老板，非常痛苦，但没办法，行业就是这么干的。

后来，这家机电企业聘请了一位从家电行业出来的高管，这位高管之前在家电企业参加过精益改善。然后，这家机电企业也快速引入了咨询顾问，启动精益变革。

后面的做法，我想，大部分专业的精益专家都懂的，建立单件流，作业分工，流水式生产……结果呢，生产马上改观，因为作业分工，再也不必依赖技艺高超的熟练工人，因为节拍流动，生产率得到明显提升。这种流水作业方式，同行其他企业也尝试过，但并没有成功。

后来，我经常跟企业老板说，让同行的其他企业继续去争那些熟练师傅吧，走自己的精益之路，创建自己的竞争优势，让同行追不上你！

　　当然，不看同行，并不意味着不重视同行，相反，我们需要更多地去学习和借鉴同行的优秀基因和成功因子，而不是上面所述的失败共鸣或比差思维。

【成功因子-10】
外来的和尚好念经

成功因子

外来的和尚好念经。对于初次导入精益管理的企业，或者决心持续推进精益管理的企业，强烈建议一定要在专业的外部顾问和机构指导下开展精益变革，千万不要轻易忽视外部专家的作用。

一、孩子听老师的话胜过听家人的话

大凡有过孩子教育经验的人都有相似的经验，孩子听老师的话远远胜过听父母的话。孩子们往往都习惯把老师的话当圣旨，在老师的指示面前，孩子即使不情愿、不太认可，也会乖乖地去执行，而在父母的指令面前，孩子可能完全不认可、无所谓，甚至抵触不执行。

我家孩子，有一次非常典型的经历。

当时孩子参加了一个课外培训班，在正式考试之前，最后一堂课在晚上7点钟开讲。上午的时候，孩子认为自己已经完全掌握了知识点，提出不想去上最后一堂训练课，无论我们怎么劝说，孩子就是觉得没必要去上。

怎么办？我们还是不愿意放弃最后一堂课，想想只能让老师出马。然后，我们就让老师在晚上6点钟左右打家里的固定电话，通知孩子准时去上课。

结果怎么样？

晚上6点钟左右，老师反馈说电话打不进来。孩子妈妈回家一看，家里固定电话的话筒，被撂在一边了（固定电话当然就无法拨入啦）。

这孩子聪明得很呢！孩子妈妈没作声，把话筒放回去，请老师过15分钟再打过来。

15分钟后，老师的电话来了，孩子接到了电话。老师在电话中简简单单地说："乐乐，晚上7点准时来上课啊！"

你猜孩子怎么着？

孩子没有任何异议，只是回了下"哦，嗯。"

放下电话后，什么也没说，穿好衣服，乖乖地出去上课了。

这真是好玩，事情不大不小，但一不小心处理不好，就可能演变成大人和孩子之间的冲突。在外面老师的介入下，事情轻轻松松就搞定了！

二、来自外部的意见更容易被内部接受

企业管理中，何不如此呢？

外来的和尚就是好念经。

同样的一个观点，从部门内部的人员（即使是领导）口中表达出来，其他人可能不一定认为有道理，甚至觉得胡扯，但是由外部顾问提出来，大家基本上不会有太多质疑，而且会觉得非常有价值！

同样的一个改善想法，当工厂内部的人提出来，大家都可能觉得不可能，找到一大堆的理由来证明不可行，但是如果由外部顾问提出来，大家可能会觉得大开眼界："原来还可以这么干，我们之前怎么没想到！"

同样的一个行动要求，由企业内部提出来时，相关的人或相关的部门，不

一定重视，或者只是听听而已，根本没打算去实施，时间久了，也没人理，但是，如果这个行动要求由外部顾问提出来时，内部的执行力可能变得迅速而高效，就像前面我家那孩子一样。

下面来说说我曾经亲身经历的一件事。

有一次，我们在一家电机工厂做改善周，改善的对象是电机总装生产线。当我们在优化总装线的时候，碰到一个问题，就是电机外壳的螺钉方向不统一。

电机的外壳由上壳和下壳组装起来，上下壳之外由四颗螺钉固定，但不知什么原因，这四颗螺钉中，有三颗是同一个方向往上拧的，而第四颗却是反方向往下拧的。这一个小小的区别，给总装流水线的结构设计带来极大的困难。因为，我们的构思是，电机要定位在流水线的工装板上，如果有一个螺钉反方向的话，那么，电机就需要翻转过来拧紧，而这个工装板的设计就变得非常麻烦。

后来，我跟工艺部长提出来，能否让这四颗螺钉的方向统一往一个方向？

工艺部长说要跟整机工厂沟通一下。

然后，在总装车间现场，我就看到这位工艺部长，马上就和整机工厂的相关人员打电话进行沟通和协调。

大约半个小时后，他回复我说：余老师，可以统一方向！

这看似一个小小的改变，却对整个解决方案的成功带来决定性的作用！

后来，电机工厂的总经理听到这个改善案例后，表扬式地批评他："你这小子，这个意见我们两年前就提过，你一直没改，现在余老师来了，你立马就改了！"

其实，在多年的改善辅导过程中，类似的情况，我们经历了无数次。

很多内部反复定不下来的方案，我们顾问一提出来很快就确定了。

很多内部拖拖拉拉几年搞不定的事情，我们一安排下去立马就搞定了。

很多意见内部无法达成共识，我们顾问稍稍梳理一下就解决了！

这就是外来和尚的作用，也是内部人员无法比拟的优势。

三、来自外部的意见更容易被内部接受

那么，为什么外来的和尚能起到如此显著的作用呢？其中是有一些必然因素的。从精益咨询这个领域来说，外部专家主导或参与的成功因子主要体现在以下几方面：

【因素一】外部顾问本身就是一个专家的角色

像大部分管理顾问一样，精益顾问一般是行业中有较好专业技能的人。外部顾问在精益生产体系、IE（工业工程）等改善体系、理念方法的认知方面相对来讲是更全面的，从制定精益战略到实施落地，从技术方法到组织文化，可

以在全面的视野和更高的角度把握精益推进的技术思路，不至于偏离精益原则。并且，外部顾问可以较好地为企业和改善团队传道解惑，这方面的能力往往不是企业内部人员能具备的。

【因素二】结果导向，对改善结果的责任心更强

外部顾问一方面是专家顾问，另一方面也是服务的供应商，所以更加关注改善的成果，追求完全满足甚至超越企业的期望。很多时候，管理和改善有两个忌讳：一怕标准低，二怕要求低！作为外部顾问和供应商，相比内部人员有着先天的责任和压力。因为外部顾问与企业之间除了技术顾问职能之外，他们还有明确的商务压力，任何一个项目的失误或失败，都可能导致商务合作的中断，继而影响自身的评价与口碑。

【因素三】改善过程的人格魅力和影响力较大

外部顾问的人格魅力和影响力显然是内部人员无法比拟的。一个优秀的外部顾问可以上通高层领导，下抵基层员工，高层领导更愿意接受外部顾问的建议和要求。很多关键想法或提议，内部推不动的，可以通过外部顾问在不经意间就轻松搞定。

【因素四】企业人员对外部顾问的重视程度更高

就拿改善周来说，如果改善周是由内部KPO（内部导师）负责的，可以想象的是，团队的组织纪律、部门协同可能比较松散，但如果是由外部顾问辅导的话，整个企业的资源配合及重视程度会大幅提升。笔者之前在企业推进改善周时，如果某个改善周是由外部顾问辅导的，那公司及相关人员的积极性和重视度明显高出很多。

【因素五】外部顾问的意见和解决方案更具有客观性

一般来讲，当一个外部顾问出现在企业时，外部顾问的角色往往是比较偏向于中立的，能从客观的角度提出解决方案和行动要求，跟企业内部的各个部门和人员之间没有核心的利害关系和矛盾冲突，比较容易获得企业人员的信任和认可。

四、用好外部顾问是成功的一半

我们常常说，外来的和尚好念经！

毫不夸张地说，用好外部顾问是精益成功的一半。外部顾问提供的不仅仅是技术支持和套路流程，更重要的是，能带来不一样的推动效果。

当然，不排除有部分企业对外部顾问的使用有一些看法，或者曾经受过一些伤害，咨询顾问水平也确实存在参差不齐的情况。但总体上，我们认为那些现象是少部分的，跟其他行业一样，总体上还是好的，不必过多担心。

对于初次导入精益管理的企业，或者决心持续推进精益管理的企业，我们

强烈建议一定要在专业的外部顾问和机构的指导下开展精益变革,千万不要轻易忽视外部顾问的作用。

也许,某些企业内部也有一些了解精益的人,他们可能之前在别的公司参加过精益培训或改善活动,认为自己对精益有一些认知和经验,不需要外部顾问,可以依靠自己的力量来推进,这是非常冒险的做法。

任何一家伟大的企业,都有一批优秀的外部顾问长期伴随着企业的成长和发展,外部顾问,所起到的作用是非常关键的。

原因很简单:外来的和尚就是好念经。

第 3 篇

关于行为准则

【成功因子-11】
做个不让人讨厌的人——这些话不能说

成功因子 尽量不说"但是""不行""不好"。"但是"让人反感,"不行"让人失落,"不好"让人消沉,这些话不仅妨碍改善,也容易让别人厌烦。

一、这些话妨碍改善

在改善的沟通过程中，我们总会听到很多意见和反馈，特别是一些表达不同意见的语言。比如：不行、但是、不好；改成那样不好；这么多年一直都是这样，为什么要改呢；以前已经尝试过，不行；这是行业内的通用做法；同行的××企业做过类似的改善，失败了；不用试，肯定是不行的；我们有一些顾虑；这里有一个问题；这些是××部门的事……

如果你是一个改善的推进者，当你听到上面的这些话时，多多少少会觉得有点反感，甚至时候觉得不好对付，或者要花大量的精力去说服他们，这真是一件劳神伤脑的事情。

如果你是一个改善的参与者，当你经常把上面这些影响改善的话挂在嘴上时，我想你很容易就被判断成一个负能量的人，或者是保守的顽固派了。

在众多不同意见的反馈中，大家最反感的是哪些话呢？

如果你不是一个改革的反对派或顽固派，哪些话尽量不要说呢？

总结起来，有三个词尽量不要说：

二、不说"但是"

在所有的话语中，"但是"这个词最容易被大家挂在嘴上。人们特别喜欢通过"但是"一词来表达自己的否定意见或不同看法。

然而，在很多场合下，这个词并不是一个讨人喜欢的词。

※ 年终了，上司给你绩效评价，前面说了很多好话，最后，话锋一转，来了一个"但是"，我想，后面的话，不需要多听，你心里就已经冰凉冰凉了！

※ 你去参加改善大赛，或QC大赛，或其他比赛，下面的评委发话点评，站在台上的你，最不想听的两个字就是"但是"！

※ 改善活动中，某人提出一个改善意见，大家七嘴八舌地讨论，你会发现，满嘴都是"但是"的那个人，特别令人厌烦。

即使在平常沟通的时候，我们也不太喜欢某些人左一个"但是"，右一个"但是"，大家会发现，喜欢说"但是"的人，通常都是一些思想上比较抗拒改变的人，没那么开放的人。

三、不说"不行"

都说男人不能轻易说"不行"

改善也不能随便说"不行"

不为失败找借口，只为成功想办法。积极的人总是为解决问题找方法，消极的人习惯于找些理由否定别人。

※ 有些改善的想法，刚刚一提出来，就被旁边一句"不行"挡回去了。

※ 有些改善的尝试，刚刚开始试验，还没来得及进一步修正和完善，就被评价说"不行"。

※ 有些改善的成果，可能没有100%达到改善目标，最终的评价结果是"不行"。

当你听到"不行"两个字的时候，是不是感觉特别失落呢？

如果你不想否定一个改善，或不想打击一个想法，要谨慎说"不行"两个字。

四、不说"不好"

要么好，要么不好！这是一种典型的非好即坏的思维。

在两极世界的观点中，很多人比较简单地以"好"或"不好"来对事物进行定性的判断。这种做法有点上纲上线的性质。

实际上，这种方式既不科学，也缺乏内在认知。就像春天到来的过程一样，你表面上看到的春天，其实是一个漫长的演化进程，并不能单纯地以大地绿不绿来判断春天的进程。

改善也是一样，如何评价一个改善或变化，影响是非常深远的。

※ 现场做了一个物料超市来控制两个工序间的库存和物料流动，但早期在设计物料摆放的时候，因产品比较重，货架的承重刚好能满足物品的摆放。但在操作过程中，物料员去拿最上面一层物料时，身高比较矮的人就要站在货架上操作，结果，时有货物掉落伤人的事情发生，那么，这个改善到底是好还是不好呢？

※ 精益改善项目，有明确的项目指标，如果你的预期是100分，实际只做到了60分，那么，这个改善或这个项目，到底是好还是不好，成功还是不成功呢？你说它成功，有道理，它是实实在在地是获得了局部的改善或阶段性的效果。你说它不好，也没错，指标确实并没有完全达成目标，操作过程中并不是非常完美。如果简单地定性成"不好"，势必影响团队的士气，甚至，以后，60%的改善也懒得去做了，当大家都形成这么一种氛围的时候，才是更致命的"不好"！

作为管理者，我们要学会**以欣赏的眼光来看待每一个变化**。

看到了现场的变化，哪怕是一点非常细小的变化，都要尽可能予以真诚的"赞扬"，必要时提供建设性的交流和帮助，而不是动不动就以某种意见或苛刻的要求去判断"好"或"不好"。

切记，特别在精益导入初始阶段，她还是一个非常脆弱的Baby，管理者唯一需要做的就是呵护她成长！即使是失误或弯路，也需要宽容和支持。

看似普通的三个词，效果确实容易让人讨厌。

"但是"让人反感

"不行"让人失落

"不好"让人消沉

如果一个团队中，到处都充满着以上三个词的话，团队是否充斥着反感、失落和低落呢？

现在，你可以留意一下，在你的身边，哪些人比较喜欢动不动就说出这三个词呢？如果在改善中你不想做一个被人讨厌的角色，是否应该少说以上三个词呢？

【成功因子-12】
做一个让人喜欢的人——多提建设性意见

成功因子　尽量多提建设性意见。以善意的、积极负责的角度为出发点，不能只是单纯地提问题，而要在提问题的同时，提出解决问题的思路或方案，同时，还要延伸他人的意见，探寻最佳的解决方案。

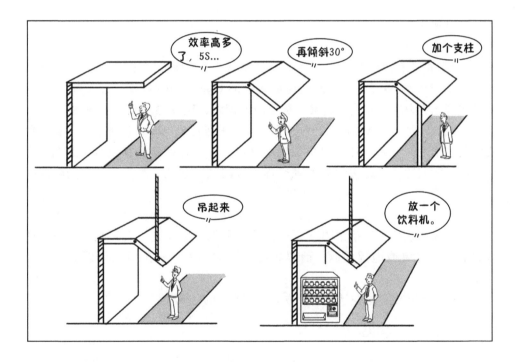

一、哪些话多说？

在上一章中，我提到，如果你不想做一个让人讨厌的人，有些妨碍改善的话，尽量不要说。

反过来，如果你想做一个让人喜欢的人，应该怎么说呢？

※ 建设性意见

※ 延伸他人意见

※ 这个建议不错！

※ 可以试一下！

※ 这样改很好！

※ 立即可以改！

※ 马上行动！

※ 我来做吧！

…………

在上述的所有话语中，最重要的一句话就是"建设性意见"！

什么是建设性意见呢？建设性与英文单词 Constructive 同义，经常和 Positive 一起出现，有积极、正向的含义，从字面上理解，建设的反义词是毁坏、破坏。"建设性的意见"意思就是：针对某个计划或项目提意见时，从善意的、积极负责的角度出发，着眼于让项目更加顺利完成，所提意见是具有独特见解的、可以解决实际问题的、过去没有发现或提出过的改善建议，关注于针对问题的解决方案，而不是来否定、拆台或破坏。

现实中，很多人非常善于找到一个问题否定一个改善，但却未曾提出解决方案，**作为积极的、正确的方式，当我们识别出一些问题，或者想否定对方的意见时，不能单纯地提问题，而要在提问题的同时，提出解决问题的思路或方案。**

如何理解建设性意见呢？先来讲讲我自己的亲身经历。

二、建设性意见

很多年前，当我还在企业工作的时候，当时美国总部计划在中国工厂中推行精益变革。为此，需要挑选出一位最强势的人（能力和推动力最强的人）出来负责推进项目，我很荣幸被安排来承担 KPO（改善推进执行官）这个重要的角色。

然而，项目推行三个月左右的时候，我收到一个意外的评价，那是一位中国区的 VP（副总裁），他认为我不适合做 KPO，因为我不够"Open"！

收到这个评价后，我既意外又茫然，这位 VP 说我不够"Open"，到底是什么意思呢？

我首先去请教当时举荐我来做KPO的一位中国总监，他是我的上司。他也觉得很奇怪，在他的印象中，我是一位比较年轻，也是比较乐于沟通和善谈的人，怎么会被评价为不够Open呢？他也是感到十分的不解。

后来，我又去请教我们工厂的GM，他是一个新加坡人，是一位非常睿智的管理者。这位GM，用短短几分钟的时间，向我阐释了什么是Open，什么是建设性意见。

他说，在中国，很多管理者，特别是从事生产管理的人，非常善于找到一个理由或提出一个问题，去否定一件事物，而不善于提出解决方案。

比如，这里有一支笔，原来是横着摆放的，现在通过改善，把它竖直来了。那么，大家如何评价这个改善行动呢？

第一种表达会说："把这支笔竖起来，效率是提高了，但是，5S不好看，员工不喜欢。"

你看，这种表达方式，一句话就把这个改善否定了，他提出了一个问题，但并没有提出解决方案，这是典型的Negative（消极）的表达方式。

好，我们来看看另外一种表达方式。

第二种表达会说"把这支笔竖起来，效率提高了20%，如果能再倾斜30度的话，5S也好看了！"

你看，这两种表达方式有什么不一样呢？在第二种表达方式中，他在提出问题的同时，还提出了解决方案！这就是"建设性意见"。

这就是差别，我们身边的很多人，非常喜欢提出问题，但却不善于提出解决方案，久而久之，大家的印象中，你就成了一位消极的人。

一句话点醒了梦中人，听这位GM一说，我快速地回忆了一下自己在平常沟通的方式，我发现，在我之前众多的邮件中，经常都会有一句话"There is a problem"，但后面呢，我提出了很多的problem，却并没有进一步提出解决方案。后来，我再留意一下，周边其他人的沟通中，也常常是如此。

从此以后，我就特别注意训练自己的思维，尽量不要说"不行""但是"，尽量多提建设性意见，可以提出问题或意见，但同时，要提出相应的解决方案，即使你所提供的解决方案不一定可行。

三、延伸他人意见

当我们在探讨解决方案的时候，还要学会另外一种沟通方式，就是延伸他人意见。什么是延伸他人意见呢？就是在听到其他人建设性意见时，这个建设性意见也许可行，也许不可行，或者还不是最佳方案，那么，大家可以顺着这个方向和思路，提出进一步优化的方案。

比如在上面这支笔的例子中，大家进一步往下讨论：

张三（建设性意见）：……如果能再倾斜30度的话，5S也好看了！

李四（延伸他人意见）：倾斜30度会倒，为了防止倾斜30度后倒下，我们可以加一个支柱！

王五（延伸他人意见）：那个柱子怕不太好看，还会挡住通道，能否考虑从上面吊起来呢？

赵六（延伸他人意见）：那样太好了，我们正好可以在下面放一台自动售卖机，充分利用空间！

你看，后面的沟通过程中，每一个人都在前面的基础上，进一步深入地提出更好的解决方案，而不是找到一个问题就草率地否定别人。如果你找不到更好的解决方案，就不要轻易去否定别人！只有这样，才是真正的Open！

如果你不是一个抗拒改变的人，如果你是一个拥护变革、积极改善、解决问题的人，那么，多说建设性意见，还要延伸他人意见，那样会使你得到大家的喜欢。

如果你是改善的组织者，当你在组织改善活动时，如果你听到上面的这些话时，我相信你会倍感舒畅。

在一个改善活动或团队活动中，如果大家都以这种话语来沟通的话，相信这个活动将会取得圆满的成功。

【成功因子-13】
我们需要经营理念还是管理技术

成功因子　不要排斥工具方法，作为管理者，仅仅有经营思维是不够的，还要精通这些服务于经营理念的管理技术。只有精通了那些看似基础性的管理技术，才能够通过技术性的指导和管理，把经营理念转化成可以具体操作的日常管理行为，最终实现企业的经营目标。

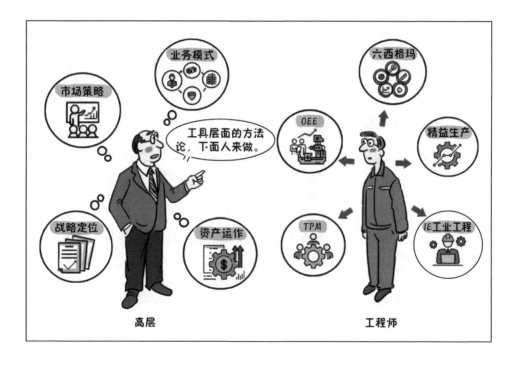

一、缺乏经营理念还是缺乏管理技术？

我常常会跟大家探讨一个话题：作为工厂的管理者，我们更需要经营理念还是管理技术？或者说，我们更缺乏经营理念还是更缺乏管理技术？

这里所说的经营理念，指的是企业在经营上应该达到的全面性境界，是管理者追求企业绩效的根据，也可以说是企业追求利益、经营战术战略的核心，在此基础上形成企业基本设想与科技优势、发展方向、共同信念和企业追求的经营目标，然后，通过一系列的经营行为，实现企业的发展战略和盈利目标。

所谓的管理技术，普遍来讲是为实现经营目标和管理绩效而运用的工具、手段、方式、途径、程序等。对于制造业工厂来说，这里所指管理技术，是指系统性的、操作层面的、改善型的技术或方法，在本文中，我重点强调的是面向工厂管理的改善技术，比如精益生产、六西格玛、TPM、IE（工业工程）、工厂布置技术、问题分析技术、质量管理技术、目视管理技术等。

面对我这个话题，大部分人的回答基本上都趋向于"需要经营理念"或"更缺乏经营理念"。因为大部分的管理者，他们偏向于认为管理者更应该侧重于经营层面，而管理技术，是比较具体的工具方法，对管理者来讲，并不是最重要的技术，也不是他们最缺乏的技能。

二、必须从经理到教练转变

然而，在我看来，我觉得我国企业的管理者所缺乏的，恰恰就是管理技术。

在某个层面上理解，经营如同找米下锅，解决企业的战略定位、市场策略、业务模式、资产运作等。管理如同厨师，要把握好每一道菜的火候、材料、用量和制作标准。

中国不缺乏经营高手，却缺乏工厂管理大师。很多高管，往往是重经营，轻技术（管理技术）。高管们可能听说过或者大致了解这些先进管理技术，但并不真正精通这些工具方法的操作、应用和内涵，也不了解如何去把这些工具方法与公司的经营目标或日常管理融合起来。

有两个亲身经历。

第一是关于电脑操作水平。

20多年前，我第一份工作是类似国企的公司，在那样的企业，我发现，公司管理者的级别越高，计算机水平越差。

两年后，我陆续进入西门子、飞利浦等企业，我发现，在这些外企中，管理者的级别越高，其电脑水平越高，比如Office软件的应用，PPT的制作，Excel中大量函数的应用等，这些电脑技术的应用，很大程度上反过来促进了管理者管理水平的提高和企业管理系统的完善。

第二是关于 OEE。

如果我不加以中文解释，中国很多管理者都不太理解 OEE 的真正含义是什么，OEE 如何计算，如何把 OEE 应用到企业的管理系统中去，可能在大部分中国管理者看来，这很正常。

十几前年我在一家美国企业应用 OEE，刚刚开始的时候，我们对 OEE 把握并不太好，正当我们困惑的时候，我们收到一封公司总裁亲自写的长长的邮件（强调一下：是公司总裁写的邮件），邮件中详细地解释了 OEE 的定义、类别、计算、统计、应用等。

OEE 随后越来越系统地植入了公司的各个管理活动中，比如，工厂申请购买设备时，要求填写设备的 OEE 数据，如果 OEE 低于 75%，总部就不会批准，要求优先做改善。反观我国企业，动不动就买设备，原有设备的理想产能没发挥出来，最后造成大量设备的闲置和过剩的产能。

一个年近 60 岁的总裁，尚能将 OEE 阐释得这么详细、精准和权威，确实让我们非常敬佩！

而这些管理技术，不恰恰就是我们很多管理者们缺乏的吗？

在企业推行精益改善的时候，我们注意到一个现象，那些口口声声支持精益变革的主管和经理们，却并不主动地参与精益改善，他们理所当然地认为，这些改善应该是下面的人去干的事情，自己主要是提供资源支持。结果是，这些主管或经理们不掌握精益生产的真正精髓和理念，更谈不上工具方法的应用，根本无法指导精益在企业中的持续和正确实践。

所以，在精益企业转型的过程中，各个管理层级的角色转变的是至关重要的：

- ⦿ 作为高层，不要每天做领导，要当改善的啦啦队。
- ⦿ 作为中层，不要每天做管理，要当好改善的导演。
- ⦿ 作为基层，要做好业务工作，要当好改善的学员。

管理层不仅要懂得经营理念，也要精通管理技术，要做一个教练型的管理者。就像一个优秀的足球教练一样，不仅要有理论，还能示范技术动作，更要能激发团队赢得胜利的斗志。

三、科学管理需要管理技术

2009 年刚刚进入咨询行业的时候，所接触的主要是我国企业。那时，我发现自己跟国内企业的管理者们一起时，并没有太多管理技术上的共同语言。我们在外企日常所用的管理技术，比如 FMEA、SMED、CPK、OEE 等，在国内企业并没有得到普及和应用，管理团队也没有太多的认知，在这方面没有太多的共同语言。

为什么欧美日的企业高管们都掌握了这些管理技术？因为他们在年轻时候，还在工程师阶段的时候，就掌握了一系列的先进管理技术，包括精益生产、六西格玛、IE、TPM、OEE 等，而当他们成为企业的高管后，他们自然就会要求并且指导企业应用那些技术，把这些先进管理技术发展成企业的系统体系和企业文化。

而我们的很多高管，先天并不具备这些技能。即使可能曾经短暂地了解过精益生产、六西格玛、IE、TPM 等管理技术，但是对实践环节却完全没有实操经验，比如：

1）精益生产中节拍如何计算、单元线如何设计、看板如何设计、运作和管理。

2）六西格玛中质量统计技术、Cpk 如何计算和评估、MSA 如何计算和评估。

3）IE 中标准工时怎么应用到产线平衡、产能评估、工艺优化、成本管理。

4）TPM 中设备综合效率 OEE 如何统计和计算？如何通过 OEE 的几大要素进行管理。

……

这些先进制造管理技术，在几十年前甚至上百年前开始在欧美日工业进程中发展而来，在欧美日企业中已经普遍应用，并形成了基于或围绕这些管理技术的系统管理流程。

中国企业从农业文明到工业文明发展的历程中，精益生产或 IE 等先进的基础性制造管理技术，是中国企业管理转型过程中的必须要应用到的管理方法。

作为中国企业的管理者，我们不仅要有好的经营思维，也要精通这些服务于经营目标的管理技术。只有精通了那些看似基础性的管理技术，才能像前面的 CEO 一样，懂得经营技术，也懂管理技术，像一个教练一样，通过技术性的指导和管理，把你的经营理念，转化成可以具体执行的日常管理行为。最终，帮助你实现经营目标。

【成功因子-14】
先按楼层还是先按关门

成功因子 　创建精益文化的关键因素之一，就是创建大家共同的沟通语言、思维模式和改善能力。锻炼精益思维不妨从坐电梯开始，思考一下，先按楼层还是先按关门？

一、视野不同，世界不同。

乘坐电梯的时候，你是先按楼层还是先按关门？

几乎99.99%的人，都没有去思考过这个问题。

碰到这个问题的时候，大部分人都会下意识地说"先按楼层"！

这是每个人进入电梯时下意识的本能行为，就是首先把要去的目标先确定下来。这个动作基本上不用思考。

我继续问：先按楼层再按关门和先按关门再按楼层，两个方式之间，哪种方式的流程更加经济和高效？哪种方式的浪费更少？

人们会立刻沉静下来，因为，大家从来没有去思考过这个问题。

事实上，怎样做的流程效率更高呢？从精益减少浪费的角度出发，我们很容易找到答案。

当我们按下楼层的时候，大概过3秒钟左右，电梯会自动关门。

那么，电梯在关门的时候，我们在干什么呢？

是在等待！这是七大浪费中最容易识别的浪费之一。

反过来，如果先按关门的话，电梯会在1秒钟之内关门，我们完全可以利用电梯关门的过程中，再去按楼层。

这看似是一个非常微小的优化，体现的却是一种精益思维！这种思维，告诉我们识别浪费和消除浪费，而这种浪费，无处不在。

精益，本质上是一种思维，带着改善的思维，浪费无处不在。

视野不同，世界不同。

二、视野越大，改善空间越大

如果我们继续问：有没有一种方式，让我们进入电梯的时候，两个键都不用按呢？

很多人可能会提出：声控，刷卡，感应等方式。不过，这些方法，还是需要一个动作，声控需要嘴巴的一个动作，刷卡或感应，也需要一个手部的动作，本质是并没有完全改善到位。

那好，我们再调整一下思维，把视野放大一点。原来我们在电梯里面是二个动作，如果我们从电梯中退出来，在进电梯之前，我们还有一个动作，是按上行键或下行键。

现在，我们不妨把三个动作串起来分析，看看如何优化整个流程？

我们都知道，进电梯之前的上行键或下行键，一般都是三角形，上行键是正三角，下行键是倒三角。

如果，我们把这个键稍稍改进一下，把三角形面板改成楼层编号的话，会怎么样？

这么一改的话，我们进电梯之前，如果你想去8楼，你直接按8楼即可，让电梯自动去判断上行或者下行。那么，进入电梯之后，我们就可以两个动作都取消了！

这样的电梯有吗？你可能坐过，但没有留意到。

三、学精益做精益，从坐电梯开始

这就是精益改善的基本思维和方法。

精益本质是一种系统的识别和剔除浪费的理念和方法，通过消除非增值活动来加快流程速度。

精益的目标是加快流程速度，提高流程效率。如何做呢？首先是识别出浪费，通过流程优化，减少浪费。然后，再扩大流程，进一步优化流程，最终剔除浪费，获得更大的突破性改善。

工厂的流程同样如此，企业里面有大量的流程，可以借助精益在电梯中应用的改善思维进行优化改善，这些流程包括：

※ 从原材料到成品的加工流。

※ 从供应商到客户的物料流。

※ 从接单到交付的信息流。

※ 从概念到产品的设计流。

※ 从资金投入到回款的资金流。

※ 跨部门之间流转的业务流。

我们把这些流程的细节展开，识别其中的浪费。分析这些浪费如何优化，才能获得更快的流程速度。

刚开始，可能是从较少的工序或步骤开始，然后，进一步扩大流程的范围，整体性地思考改善的解决方案。

如果在企业中，每个人都掌握了这种思维，那么，大家就有了共同语言，具备了共同的改善能力，每个人识别浪费和改善浪费的能力自然得到提升。然后，你就会进一步发现，企业中，浪费无处不在，改善的课题无处不在。

精益文化，关键是要创建一种共同的沟通语言、思维模式和改善能力。学精益，做精益，不妨从坐电梯开始。

每次坐电梯时，提示一下自己，提示一下其他人，先按楼层还是先按关门。

【成功因子-15】
快而粗好过慢而细

成功因子　追求简单快捷,不要把事情想得太复杂。顾虑太多就无法下手,想得太完美就失去了速度。有了想法,马上实施,尽管不是最完美的方案,但是大可在行动中,继续优化和持续改善,所谓快而粗好过慢而细。

一、避免拘泥于过多的方案评审

在改善推进的过程中,尽量不要用过多的、无谓的反复评审约束了改善的速度,也不要在一开始就追求所谓的完美方案而限制了改善的步伐。

传统的 PDCA 或 DMAIC 流程中,强调充分的数据采集和分析,制定合适的或完美的技术方案,然后一步一步组织实施。

然而,对大部分的现场改善来说,纸面上是不可能设计出理想方案的!而温水煮青蛙式的改善也很难实现突破,那样很容易使改善落入麻木的疲态。

不如把粗略的方案先快速实施,在实施的过程中,快速完善和优化,这就是所谓的"快而粗好过慢而细"!

哪怕只有五成的把握,也要果断地去做!

改善追求简单快捷,不要把事情想得太复杂。

有时候,顾虑太多就无法下手,想得太完美就失去了速度。

抛弃一些不必要的犹豫和患得患失,动手一定要早,我们没有时间去等待,过度的思考有时反而是一种消磨意志的浪费,快而粗好过慢而细!

千万不要过多拘泥于过多的方案评审。

在改善的过程中,我们最忌讳的就是陷入无穷无尽的评审流程。在评审的过程中,容易滋生官僚主义,本来应该是改善的主要人员(比如生产主管),摇身变成了项目方案的评审员,指出一大堆的问题,然后,方案设计者不得不回去慢慢完善方案。一个月后,拿出新的方案进一步评审,然后,各路"英雄好汉"又提出一大堆的问题,再完善方案,继续评审,继续修正……,你会发现,项目会在"设计—评审—优化—再评审—再优化"之间反反复复,整个项目拖拖拉拉,总见不到实施和落地。

精益的改善常常是面对较显性的问题,如果按传统 PDCA 的模式,拖拖拉拉的改善节奏实在太慢。比如 JIT 单元线改善的任务,传统的方式一步一步地实施 PQ-PR 分析、时间测量、浪费识别、产线平衡、方案设计、方案评审、优化改善……,也许几个月下来都还没有实质性的动静。随着组织的调整,人员的更迭,工作重点的变化,久而久之,无人过问,项目静悄悄地就夭折了。

二、改善周的原则就是快而粗好过慢而细

我们既要避免盲人摸象式的实践,也要突破毫无激情和速度的低效。我们需要有一种系统高效的组织模式,能在较短的时间内,把精益和 IE 的工具方法形成系统的工作流程,快速实现显著的改善效果。

而改善周致力于在一周内快速完成一次改善活动,非常完美地解决了这个时间效率的问题(关于改善周的组织模式,大家可以参考本人所写的另一部专

著《精益改善周实战指南》)。

"快而粗好过慢而细",应用现有的知识,不必做过多深入的分析和推理,也不刻意寻求所谓的最完美的解决方案;特别是在做改善周时候,短短的几天内,根本没有多余的时间耗在细节的方案设计上,只要方案原则上行得通,那就快速做出决策,而不是沉迷于某个问题或原理的漫长讨论。

三、理性的快而非感性的粗莽

当然,也有人说,为了避免差错,宁可慢一点,也要思考清楚。

这两者之间并没有矛盾。针对现场型改善,快而粗好过慢而细。而针对较大的项目,特别是投资性的项目或隐性的问题,那还真需要细致的分析和周密的决策过程。

快而粗,是让我们行动速度上要快,但这里的"粗"并不意味着"粗心"或"粗糙",方案要细,行动要快。

快的前期是要基于理性的判断,而不是感性的粗莽。

比如说,产线平衡提高生产率,你根本没必要在纸面上花大量的时间去设计和讨论一种精细的方案,事实上,纸面上也设计不出完美方案。

比如,作业A与作业B合并,原来作业A需10秒,作业B需8秒,合并之后会是简单的18秒吗?不一定,有可能大于18秒,因为合并后作业者要进行工具的切换,这种情形在纸面上很难设计。如果等不到一个完美的方案,还不如对稍稍粗略的方案,马上尝试,在尝试的过程中,再进一步优化。

一旦稍稍粗略一点的方案在总体上通过,马上付诸行动,快速行动和优化,而不是像传统模式一样,把任务交给所谓的对口部门慢慢推进。比如,需要制作一个工装或物料架,不要等,撸起袖子马上干,如果要调整一些设备或布局,马上就动手。

正所谓,没有行动,哪来结果?

有了想法,马上实施,尽管不是最完美的方案,但是完全可以在行动中继续优化和持续改善,这就是我们所讲的快而粗好过慢而细。

第 4 篇

关于困难阻力

【成功因子-16】
推行精益的难点在高层、中层还是基层

成功因子　精益变革的障碍在哪呢？我们必须要瞄准方向，抓住重点，下对功夫。精益推行的难点就在于中层。方向锁定高层，眼睛盯住中层，功夫下在基层。

一、精益推行的难点在哪里？

我们来思考一个问题：

推行精益的关键、难点、重点在哪里？这三点与高层、中层还是基层的对应关系是怎样的呢？

大家不妨在下表中连线：

精益推行的难点	高层管理者
精益推行的重点	中层管理者
精益推行的关键	基层管理者和员工

我们来探讨第一个问题：精益推行的难点在哪里？是高层管理者，还是中层管理者，或者是基层管理者？

有人会认为难点是基层管理者，因为基层管理者的底子比较差，对精益的认知比较少，改善的意识比较弱，特别是，基层人员又非常不稳定，他们应该是精益推进的主要困难。

有人认为难点是高层管理者，因为只有高层的思想改变了，大家才会跟着改变，只有高层的资源到位了，精益推进才会顺畅。

有人认为难点是中层管理者，因为这个群体负责上传下达，他们不仅是技术上的骨干，还掌握着足够多的资源，只有这个群体真正投入变革，精益项目才能运转起来。

在多次的问卷调查，或培训现场的讨论中，大部分人比较偏向于认为难点在基层。

事实果真如此吗？

二、难点恰恰就在中层

依我多年的推进经验，我恰恰认为，精益变革的难点不在于基层，也不在于高层，应该就是中层！

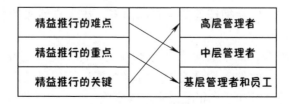

为什么说难点在中层，而非高层和基层呢？

首先，在普遍情况下，基层不会是精益的难点，基层人员虽然底子较差，认知较浅，但是，在99.9%的情况下，基层员工最最听话，你安排他们怎么做就怎么做。

在执行层面来讲，基层人员反而是简单的，对改革不会有太大的阻力，即使有反对，阻力也不会太大，毕竟能量影响范围有限。

高层呢，对大部分高层来讲，普遍都具备较好的精益认知和改善意识，而且他们常常本身就是变革的倡导者，一般不会成为推进的阻碍。

真正的难点在于中层，这些中层包括经理、主管和部分关键的基层管理者。

为什么这么讲呢？大家有没有留意到，很多新的做法和改善，提出一大堆问题，列出很多反对意见的，往往是哪些人？不是高管，也不是基层的执行者或员工，恰恰就是中层的管理者。

如果你有过精益变革的经验，你回过头去看看，很多的改善行动，你会发现，基层员工本身是没有问题的，提出一大堆问题的人，往往是他们的管理者，这些管理者，常常会提出一大堆的意见或困难，想象出很多也许永远不会发生的痛苦（参见本书【成功因子-19】），当有一点小问题出现时，又不去解决。

比如，生产布局要调整，员工由原来的孤岛式单兵作战，改为单件流生产方式，现场管理者提出了很多问题和反对意见：

1）人机配合改善，由1人2机调整为1人3机，U形布局，员工循环操作会不习惯。

2）由坐着操作改成站立作业，员工无法承受，会大量离职。

3）由孤岛式生产转化成连续流生产，会影响员工的工资。

这些各种各样的问题，大部分是那些中层管理者提出来的。

这就有点麻烦了，提意见的是中层，反对的是中层，直接管理者也是中层，中层不愿改，中层不想动，管理的指令和变革的行为，就下不到基层去。

中层成为问题和障碍，这是致命的问题！中层不仅仅自身无法执行新的变革，更要命的是，中层管理者，在公司内部，还掌握了一定的资源，比如管理权限、组织权力、资源调度等。

中层不干，他就不会安排他所管辖范围的基层人员去执行，也不会调动资源去支持变革，他更不会去统筹改善的开展，碰到问题时，他不会去积极应对和主动解决，反而，他会把任何的问题和声音，放大成消极的意见、反对的理由和失败的借口。

如果中层不配合，高层管理者能怎么样呢？能不能跳过中层直接到基层？可以，然而，偶尔一两件事情跳过中层直接指挥还好，但是，你不能所有事情都跳过中层。大部分行动，还得通过中层去实施。

有时候，极端一点，如果中层不愿意，连企业的老板都不一定有招。部分中层控制或绑架老板的现象，我们见得多了。

三、关键在高层，重点在基层

好，搞清楚了难点在中层之后，我们再来看看，精益实践的关键和重点在哪里就比较容易明白了。

精益的关键在高层，这一点上大家应该没有疑问。高层的变革意志力、精益价值观和资源保障是持续推进精益的关键，有这个保障后，才不会惧怕过程的挫折和阻力。

关于高层的关键问题，在本书的第10篇有阐述。

为什么说重点在基层呢？你想想，工厂里面，制造过程中的人、机、料、法、环基本上都在基层执行，我们的工作重点应该下沉到基层；在工具和方法论上，更多地要围绕基层来展开体系和文化建设，比如合理化建议、提案改善、多能工、TWI、5S管理、标准化作业等，只有扎扎实实把基层的改善体系、改善文化、改善能力建立起来了，才能达到真正意义的精益。

最后，来稍稍总结一下高层、中层、基层的价值要点。

精益的实践：关键在高层；难点在中层；重点在基层。

方向锁定高层；眼睛盯住中层；功夫下在基层。

没有高层的意志，精益将成无源之水；没有中层的支持，精益无法落地生根；没有基层的打造，精益只能空中楼阁。

【成功因子-17】
没有用是因为没有用

成功因子　没有用是因为没有去使用它。一些新的东西刚开始可能确实不太好用，正确的做法应该是用起来，你会发现，越用越好用，最终，通过持续优化，达到理想的效果。而不是，稍有问题，便置于一边，打入冷宫。

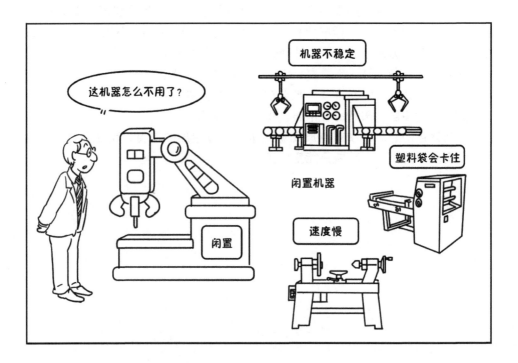

一、失败的尝试令人沮丧

设备部门的人经常抱怨说:"刚刚开发制作出来的设备,放在一边,没有用起来。"

工艺部门的人经常抱怨说:"辛辛苦苦给生产线设计制作个工装,他们不喜欢用,不知放哪去了。"

精益部门的人经常抱怨说:"做出来的省力化的低成本简便自动化装置,说不太好用,没多久就不用了,闲置着。"

生产部门的人经常抱怨说:"整回来的那些设备、工装、机构,一点都不实用,比较浪费。"

…………

这是不是我们在改善的过程中经常听到的反馈呢?

这真是令人沮丧的事。

好不容易整了东西出来,常常是用都没怎么用,就被丢弃一边,闲置了。

之后呢,就算有想法对这些机构进一步优化,但是,却已经将之定义为一个失败的尝试了。甚至,有些企业,还会延伸出一些极端的追责行为,谁设计的?谁审批的?谁制作的?谁验收的?谁付款的?

再到最后,曾经充满热情为大家设计和制作各种设备、工装和机构的人员,找不到成就感,慢慢失去了热情和动力,懒得去想,也不想费事去做了。

二、症结在于不用

为什么会导致这样的结局呢?

问题到底在哪里?

我们一般比较容易归结于机构不好用,设计不合理,制作有缺陷,改进不彻底,最后是使用不方便。

其实,还有一个症结非常简单,一句话说:没有用是因为没有用。

一些新的东西,特别是一些非标的自动化装备和机构,刚开始,可能确实不太好用,还有很多细节需要完善,要想一次性就做到完美,是不太现实的。

但是,在等待完善的过程中,使用者们往往习惯于不用它,把它闲置在一边,结果就是,时间一长,新机构的问题并没有被充分暴露出来,而持续改善的行动,却因为装置的闲置,得不到进一步的验证和优化。

即使,那些新的东西在功能上没有问题,也常常会被评价为效率达不到某种预期,或者还比不上原来的模式,然后,大家就会趋向于把新事物放一边,置之不理。

有一家企业,产品原来是手工包装,人工一个一个地把产品装进塑料袋中,然后，封口。熟练员工的操作时间为每袋 10 秒左右。后来，引进了一台自动化机构，实现自动装袋自动封口。刚开始，考虑到设备的稳定性，速度控制在每袋 12 秒，人工只需要每半小时左右往机器上补充塑料袋。这看起是一个不错的改善！

然而，后来在使用的过程中，生产部门提出一些问题，一是机构不稳定，塑料袋偶尔会卡住，需要人工处理；二是机器还没有人快，比人工还慢了 2 秒，产能降低了。

结果是生产部门的人员，还是习惯于手工作业，新的机器就这样被闲置起来了。

这样的最终结果就是，**因为没有持续地使用，新事物得不到进一步的优化和验证，问题得不到持续的解决，这个改善就被贴上一个失败的标签。**

后来，每每谈到设备的自动化革新，大家都像吸取教训一样地拿这个自动包装机案例来告诫后面的人员，千万不要重蹈覆辙。这台自动包装改进的提出者、设计人、审批领导、制作单位常常被压得抬不起头来。

三、越用越好用

就上面这个例子来说，真正的失败在哪呢？

第一个问题，塑料袋送料机构偶尔会卡住，这个问题可以解决吗？一方面机构可以持续优化改进稳定性，二是异常的时候可以人工处理一下。

第二个问题，关于速度或产能，这简直是一个误解，机器的产能怎么跟人的产能比较呢？而且，真正浪费的是，我们还习惯于一人一机的方式来安排员工作业，并没有发挥一人多机的效率，这才是真正的浪费。

没有用，是因为你没有去使用它！

正确的做法，应该是用起来，即使不那么完美，也尽可能持续使用，在使用的过程中，找到更好的解决方案，通过持续的优化，然后，你会发现，越用越好用，最终，达到理想的效果。而不是，稍有问题，便置之一边，打入冷宫。

越用就越好用。

越不用越没用。

用起来，既是把握持续改善的机会，也是对改善创造者的尊重，更是对改善文化的支持和参与。

【成功因子-18】
僵化执行，固化应用，优化改善

成功因子　需要一些笨笨的执行思维，如果没有僵化执行，根本不可能有后面的固化应用和优化改善。没有用是因为没有用，只有用起来，克服初期的问题，才会找到新的规律和做法，转化成新的流程和行为，继续优化和创新。

一、头脑简单僵化执行

精益是不是好东西？当然是。

但是，好的东西为什么难于落地见效呢？如何让改善落地并得到持续改进？

有一个简单的方法就是：僵化执行、固化应用、优化改善！

精益的工具方法那么多，改善的模板套路也非常丰富，但是为什么一些简单的做法都得不到实施呢？很多时候，是我们缺乏了一种"僵化执行"的傻劲！

僵化执行——头脑简单一点，别想太多，老老实实执行，机械地照做，笨笨地坚持！

有时候，我们真是需要一些笨笨的精神，不需要太多的小聪明，也不需要太多的甚至都不一定会发生的顾虑。

如果没有僵化执行，根本不可能有后面的固化应用和优化改善。

我们不妨举一个例子来说明。5S改善中常用的形迹法工具挂板想必大家再熟悉不过了，大家把工具按形迹法展示出来，规范地摆放，既美观又方便。但就是这么一个简单而实用的方法，为什么却很难在中国的企业中得到应用呢？

原因很简单，并不是我们的员工不喜欢这样的规范，而是陷入一个非常尴尬的局面，就是这样把工具展示出来后，很容易丢失，白班同事下班的时候放在挂板上，第二天一上班就发现一些工具不见了！

容易丢失，是推广这种做法早期必然会碰到的困惑。大部分的企业，都很难熬过这个阶段，然后，很快都开始放弃这种做法了。

然后，很容易得出一个结论：这种方法没有用，不适合我们！

二、不去打磨，难以完美

事实上，我们常常忽略了一个道理：没有用是因为没有用。

怎么理解呢？**很多时候，一个改善，你认为它没有作用，只是因为你没有去使用它，越是不用它，越是没有持续优化的机会。**

就拿这个工具挂板来说吧，如果一开始碰到丢失问题时，我们就不去用它，那么，这个方法当然就没有用的了。

正确的做法，应该是把它用起来，遇到什么问题就解决什么问题，在解决问题的过程中，培养使用习惯，并且持续改善到更佳的效果。

丢失的问题好解决吗？大家稍稍想想就会找到100种解决方案：

- 有人"偷"，可能是因为他缺乏工具，那么，首先给大家配置到位。
- 为防"偷"，可以加个外罩，透明的，可以带锁（无论是机械锁还是电子锁）。
- 确保"借"者有还，可以再加装个摄像头。

⊙ 制定工具挂板的管理制度，包括用、借、还的相关管理办法，让拿工具者不敢不还。

....

我相信，只要你稍稍采取一些防范和控制措施，不用多久，人们会自然地养成用后即归位、借用懂归还的良好习惯，慢慢地，工具丢失问题就会得到彻底的解决。

丢失的问题一旦解决，大家都会愿意把工具挂板使用起来，当大家都用起来后，就形成了一种普遍的习惯和文化。然后，大家在日常使用的基础上，就可以对工具挂板的外观、结构做进一步的升级改造和优化创新。

三、没有僵化执行，哪来优化改善

这就是所谓的"僵化执行→固化应用→优化改善"，试问，没有僵化执行，哪来后面的固化应用呢？没有固化应用，又哪来的持续改善和优化呢？

在日常工作中，我们是不是经常碰到这种"没有用是因为没有用"的情况呢？

❖ 比如，工艺部门给生产线设计了一个省力化的工装，结果，还没来得及优化，就被丢到一边去了，因为不好用，所以就不用了。久而久之，工程师也没兴趣了。

❖ 比如，信息部门给大家开发了一个小型的信息化系统，结果，刚开始，系统还没跑顺，大家就觉得不好用，放一边去不管了。时间一长，大家只记得曾经尝试过但失败了。

❖ 比如，企业的 ERP 系统，大家都在抱怨有问题，BOM 不准确、账目不准确、数据不准确……，结果，大家干脆回到手工模式，ERP 的大部分功能用不起来，花大钱，买了个小系统。

所有的系统，所有的创新，哪有天生下来就是非常顺畅好用的啊？

两个人谈恋爱结婚，也不是天生下来就是合适的一对，都是经过漫长的衣食住行柴米油盐的磨合后最终得来白头到老。你从旧手机换到新手机，一开始都会觉得不习惯，更何况是改善的事物呢？

只有用起来，克服初期的问题，才会找到新的规律和做法，转化成新的流程和行为，继续优化和创新。

【成功因子-19】
不要去想象痛苦

成功因子	想象痛苦，会让我们更加痛苦。有些痛苦，本来就不存在，也不一定会发生，就算发生了，我们也可以寻找解决方案，与其用想象痛苦折磨自己，不如积极乐观轻松上阵！

一、一次想象痛苦的会议

某工厂会议室,一个会议正在紧张地进行着,会议的主题是讨论即将要实施的生产流程优化方案,方案的重大改变是由目前的孤岛式生产模式,改成连续流生产模式,为了让产品方便地流动,该方案采用了复合型的流水线。

会议是由精益办(公室)主持的,与会人员基本上包括上是该企业制造系统的大部分中高管,包括生产、工艺、品质、研发、设备、计划等部门。大家对方案非常重视,因为这是该企业,也是行业内比较大的变革。

人们对方案充满期待,同时又疑虑重重,每个人都提出了自己的看法和疑问。

"采用流水线之后,员工从流水线这一边走到那一边,中间挡住了,怎么办?"

"变成流水作业后,要分解动作,员工的工资核算会不会有问题?"

"员工已经习惯了原来的孤岛式作业,按流水作业,员工可能会不太适应"。

"流水线上的产品需要拐弯,这机构可靠么?会不会被卡住?"

"流水线这么多电动机,万一哪个坏了,那不是整个产线都停了?"

"产品从清洗机出来后,过渡到流水线,人力搬运会不会有问题?"

············

人们提出了一个又一个的问题和担心,有些问题是客观存在的,需要进一步完善方案,或者需要提前制定解决预案。但是,很多问题,都是无谓的担心,甚至有些问题,让你觉得非常无聊,以至于让我们不得不花费大量的时间去解释那些根本不会出现的问题,更要命的是,不管你怎么解释,他们的脸上的疑虑似乎始终存在。

这个会议开了很长很长时间,非常令人痛苦。

二、与其想象痛苦,不如见招拆招

后来,我正言告诉大家:

尽量不要去想象痛苦。

因为,有一种痛苦叫作想象痛苦。

想象痛苦,会让我们非常痛苦,比痛苦本身还痛苦。

有些痛苦,本来就不存在,也不一定会发生,就算发生了,我们要去寻找解决方案,提出建设性意见,而不是在想象痛苦中不能自拔,甚至影响了前进的步伐。

就像小孩哭的时候一样,本来没什么难过的事,一哭起来,就越哭越难过,越难过就越哭。

有些问题，走到那一步，自然就解决了。

后来的项目落地也支持了我的观点。

半年之后，全新的流水线回来了，安装调试好后，顾问老师带着大家，指导项目团队和生产线员工按新的流程运行，非常顺利，员工完全并没有出现抵触，反而非常享受改善后的新流程，上面想象的那些"痛苦"并没有发生。

所以，只要做好了预案，想象痛苦只会消耗能量，引发焦虑，实在没有必要自寻烦恼！

三、抛开痛苦，单纯一点

企业中，新事物的导入，提出预见性的问题是正常的，但如果过度地关注那些并没有发生，而且可能永远都不会发生的问题，可能会让我们陷入"越来越痛苦"的旋涡之中。

问题难道就不能提了吗？当然不是。

不要去想象痛苦，并非简单要去封大家的嘴。而是鼓励大家要多提建设性意见，当我们提出问题的时候，最好能同步提出你的解决方案，而不是简单机械地抛出问题（关于建设性意见，请参考本书【成功因子-12】）。

如果让痛苦充斥了我们的思维，会让我们处于一种悲观的情绪中。久而久之，就会变成一个消极悲观的人，而这种负能量的情绪进一步传递出去，影响身边的人和组织，慢慢地就固化成狗鱼综合征，最终演化成一种消极顽固的组织文化。

不要去想象痛苦，不妨去多想一点积极的因素，哪怕是一点点阳光，都可以让自己兴奋起来。

不要去想象痛苦，不妨稍稍单纯一点，想得太复杂就没有了勇气，追求太完美就失去了速度。

哪怕只为那么一点点积极的好处，都值得我们投入满腔的热情去改善。

正如同我们经常所说的"不为失败找借口，只为成功找方法"！

【成功因子-20】
戒除狗鱼综合征

成功因子　狗鱼综合征是精益路上的重要障碍。滥用经验，对差别视而不见，墨守成规，拒绝考虑或尝试其他可能性，缺乏在压力下采取行动的可能性等思维模式，都会严重影响精益推进的顺畅性，必须尽可能戒除！

一、一个关于狗鱼的实验

狗鱼,行动异常敏捷,是淡水鱼中生性非常凶猛的一种肉食性鱼。狗鱼非常喜欢攻击小鱼。

在一个实验中,我们把狗鱼和小鱼放在同一个玻璃缸里,中间隔了一面透明的玻璃。狗鱼一开始就试图攻击小鱼,但是,每次狗鱼想冲过去的时候,就会撞到玻璃,被挡住了。慢慢地,它就放弃了攻击。

然后,经过一周以后,我们把中间的玻璃拿掉,惊奇地发现,狗鱼也不会冲过去了。这是为什么呢?因为经过数次的冲撞无果,这些狗鱼在过去的实践中已经获得了一个经验——中间有障碍,过不去,也不需要再尝试了。然而它们不知道的是,环境不同了,中间的玻璃已经消失了……

这就是我们所说的狗鱼综合征。它有哪些表现呢?

总体来说,狗鱼综合征有如下几个关键特征:

【特征之一】滥用经验

【特征之二】墨守成规,不喜欢改变

【特征之三】对差别视而不见

【特征之四】缺乏在压力下采取行动的可能性

二、特征之一:滥用经验

在狗鱼的实验中,狗鱼已经获得了一个经验,认为不需要再尝试了。

那么经验这东西好吗?其实它既是好东西,又是不好的东西。

一方面,经验可以帮助我们对问题快速做出决策,但是,另一方面,经验也会约束我们接受新的事物。

在企业中,我们经常会碰到一些工作经验比较丰富的人,他们在企业中已经工作了 8 年、10 年、15 年甚至更长。他们通常见证了公司从无到有,从小到大,从弱到强的过程,他们自己也伴随着公司的发展而成长。这些人可能年龄也稍稍大一些,有些人甚至可以算得上公司的元老了。

跟这些经验丰富的人一起改善的时候,他们常常习惯说的话语就是:

- 以前已经尝试过了。
- 不用试,肯定是不行的。
- 我们有个同行企业试过,失败了。
- 这么多年一直都是这样,为什么要改呢?
- 这是工艺要求,不能随便改。
- 这样改对品质有影响,以前客户就投诉过。
- 精益的这些改善方法我们都知道,也培训过,没什么大不了的。

....

这就是一种滥用经验的表现。

他们习惯于首先从过往的经历和认知，快速对新的变化做出判断，并且常常都是否定性的判断。

这种经验主义的思维，是典型的狗鱼综合征，是约束改善的重要障碍，其负面作用深远。

三、特征之二：墨守成规，不喜欢改变

有些人似乎天生就比较抗拒改变。他们更乐意在现有的模式中工作和生活，任何来自外部的改变，对他们来讲，都是极其痛苦的。

在生活中，有个非常有意思的现象。

比如，我们去卡拉OK，你会唱什么歌呢？大部分人都会比较习惯于点自己熟悉的歌来唱。

一方面，可能是没太多机学会新歌，而且学新歌耗费精力，或者觉得现在年龄大了，新歌都是年轻人唱的。另一方面，你可能会觉得以前的歌比较经典，现在的新歌不好听，歌词写得也不如以前的歌上口。

这也是典型的狗鱼综合征，总觉得现在的东西没有以前的好。

结果会怎么样呢？如果5年前你唱的是四大天王的歌，今天，你还是唱四大天王的歌，那五年后呢？你唱的可能还是四大天王的，这一辈子，你唱的都是年轻时期学会的那些老歌！

殊不知，你今天认为不好听的歌，可能几年后，也会变成经典的歌。

这种墨守成规，不喜欢改变的做法，常常会影响我们学习和变革的动力。

在企业改善的过程中，我们很多人都会比较习惯地维持现有的做法，感觉现在的做法就是好的了，没必要做太多的改变，改变之后，也不一定会更好，而且，改变需要投入各种资源，还有失败的风险。

维持现状，表面上看，是一种最安全也是最没有风险的做法。但是，墨守成规，躺在舒适区的结果，只能是错失进步的时机。

你在苟且，别人却没有苟且；你不学习，别人在学习；你不进步，别人在进步；你不创新，别人在创新。

四、特征之三：对差别视而不见

有时候，也并非不想改变，可能是缺乏一些识别变化的意识和能力。

对差别视而不见，对发生的变化或差别没有感觉，或者是视而不见。

在狗鱼的实验中，后来把中间的玻璃挡板去掉了，但是，狗鱼却没有注意到这个差别，然后，也就没有采取进一步的行动。

这就告诉我们一个道理：

以前不行的事情，并不意味着现在也不行。

以前失败的改善，并不意味着现在也会失败。

一个人推不动的事情，并不意味着另一个人也推不动。

内部力量推不动的事情，并不意味着外部顾问也推不动。

以前推进单件流的时候，车间负责人是A，他认为原来孤岛式的好，不愿意改。现在呢？车间负责人已经换成B了，B喜欢改变，他就喜欢单件流，要改。

以前尝试弄个自动拧螺钉装置，失败了，但是现在呢？自动拧螺钉设备已经更加成熟了，可以轻轻松松实现。

以前只靠内部的力量推动变革，各个部门配合度并不好，半天推不动，现在呢？有了外部专业的咨询顾问和技术专家，推动起来会变得非常顺畅。

……………

这就是变化，这就是差别。

不为过去的经验所束缚，不在舒适区中躺平，只要心中求变，总能找到空间和机会。

五、特征之四：缺乏在压力下采取行动的可能性

狗鱼为什么不敢再冲过去？

可能是因为太舒适了，缺乏压力。如果有后面拿棍子敲它一下，你看它们冲不冲？

仅仅靠内心的意识并不足以激发人们的斗志。

人的潜能，变化的动因，往往需要一些来自外部的压力。

为什么改善周能在一周之内就获得那么大的突破性改善和成果？其实有一个非常简单的道理就是：改善周是在高压下完成的。

因为时间只有一周，必须在周末见效，达到改善效果，于是，就要求每天要严格按照计划执行，每天的任务完成了才能下班。

因为要马上实施新的流程，于是，就要求团队调动所有的资源，快速实施，而不是拖拖拉拉。

在改善的过程中，如果目标太低，要求太低，或者管理太松，都会影响改善的行动力，只有适当的甚至是挑战性的压力，才能充分激发人们去突破现有的约束。

以上这些狗鱼综合征的特征，我们大部分人或多或少会有一些，只是每个人的程度不同，戒除狗鱼综合征的努力和突破也不同而已。

戒除狗鱼综合征，精益之路会变得畅通无阻！

第 5 篇

关于思维方式

【成功因子-21】
没有"疯子精神"是做不好精益的

成功因子	中庸平衡改变不了现状，马马虎虎成就不了突破，差不多也实现不了极致。精益变革，追求极致，就需要一点疯子精神，执着地实践精益，变态地追求完美。

一、我们需要一点"疯子精神"

我们都知道5Why，但是却不一定能用好它。

只问1个Why的人，肯定不是一个优秀的管理者；

能问到3个Why的人，可称得上是一个合格的管理者；

而能问到5个Why的人是什么人呢？是个高手；

能继续问到7个Why的呢？可谓是专家；

再问到10个Why呢？这应该称得上是个大师；

如果问到13个Why的是什么人呢？

我想，大部人都会觉得这样的人是一个疯子！

没错，这样的人，确实是一个疯子。

可是，现实中，我们却真的缺少了一些疯子。

准确地说，我们所缺的，不是疯的人，而是疯子的精神！

很多年前，我在外企工作，公司有一位来自欧洲的高管。每天我们一起开早会，他总喜欢一个劲地问"Why"。

有一次，一位主管被问烦了，直接怼他说"I don't know!"

你猜那个外籍经理怎么说？

他笑眯眯地盯着主管说"Why you don't know?"

主管直接被气晕。

我们不断地问"为什么"，无非就是想得到问题的真因。我们打破砂锅问到底，答案往往就在砂锅里面。

可是，如果不去刨根，如何能得到问题的真因呢？如果只是浅浅地问，我们能够得到的可能永远只是表面的因子。

我们确实需要一些疯子精神。

二、"疯子精神"的本质是一种信念

什么是"疯子精神"？

简单地说，它就是执着地追求真相和完美的一种精神！

- ❖ 执着地实践精益，持续改善，打造出优秀甚至卓越的精益企业。
- ❖ 执着地探寻事实的真相，精准地找到问题真因，精准地根除它。
- ❖ 执着地追求生产的流动，解决异常，排除困难，实现真正的单件流。
- ❖ 执着地改善5S，不放过每一个细节，打造一流的标杆现场。
- ❖ 执着地优化品质，实现零缺陷的产品。
- ❖ 执着地缩短生产周期和订单交期，满足客户的需求。
- ❖ 执着地坚持正确的做法，并最终打造出卓越的管理行为和文化。

有人说，只有偏执狂才能成功。这种偏执狂，又何尝不是一种疯子精神呢？

精益五个原则的第五个原则是 Perfection（尽善尽美）。可是，如果没有一点疯子精神，哪来的 Perfection？在通往 Perfection 的路上，我们需要多一点，再多一点的疯子精神！

疯子精神的本质是一种信念。

多一点疯子精神，也就意味着要多一点笃定的坚持，少一点随意的放弃。

试想想，如果没有当年大野耐一的坚持，会有今天我们看到的丰田生产方式吗？

三、少一点马马虎虎

企业中存在解决问题时马马虎虎，差不多即可的现象，比如：

- ❖ 现场 5S 的物料定容定位的目视化标识差不多就可以了。
- ❖ 工序间的标准手持的在制品数量控制差不多就可以了。
- ❖ 设备维护的点检工作、异常识别和问题解决，差不多就可以了。
- ❖ 产品切换时模具的安装、调试或保养，差不多就可以了。
- ❖ 针对品质问题的分析讨论和真因挖掘，差不多就可以了。
- ❖ 相互之间的沟通差不多就可以了，彼此留个面子。

这样下去久而久之，就少了追求 Perfection 的疯子精神。

马马虎虎不可能成就突破，差不多更实现不了极致。精益，让我们"疯"起来吧！

多一点疯子精神，多一点极致精神。

- ❖ 极致地追求 5S 的极致化。
- ❖ 极致地追求信息的可视化。
- ❖ 极致地追求快速的连续流。
- ❖ 极致地追求安定化的生产。
- ❖ 极致地追求异常的快速响应。
- ❖ 极致地追求快速的切换。
- ❖ 极致地追求均衡化生产。
- ❖ 极致地追求更短的交期。
- ❖ 极致地追求……

以疯子精神，极致地追求完美，执着地持续改善，唯有如此，方能真正实现卓越的精益。

【成功因子-22】
切断鸡和蛋之间的关系

成功因子　鸡和蛋,横向切,纵向连。在部门内部,秉承解决问题的原则,要切断鸡和蛋之间的关系,打造闭环改善的文化;在更高层级,恰恰要从全局的角度,理解鸡和蛋之间的关联关系,解决根源问题。

一、鸡和蛋一点关系都没有

到底是先有鸡还是先有蛋？我们从很久之前就被这个问题困扰着。从理论上，这个问题似乎永远无解。但从解决问题的逻辑上，这个问题只有一个答案：鸡和蛋一点关系都没有！

其实，逻辑很简单，讨论蛋就关注蛋的问题，不关心它是哪只鸡生的。讨论鸡就关注鸡的问题，不关心它产怎样的蛋。

明白了这一点，在解决问题的时候，你就会豁然开朗！

我们在企业交流的时候，经常听到下面的回应。

问生产部门：为什么效率那么低？答：质量太差，返工浪费太多。

问质量部门：为什么质量不稳定？答：流失率高，新员工太多了。

问人事部门：为什么员工流失多？答：生产率低，工资上不去。

这就是典型的鸡和蛋的问题。

你的质量问题不解决，我的效率就是上不去。你的效率上不去，员工工资低，新员工就是多。新员工一多，我的质量永远解决不了。

你看，这个问题转了一圈，根本就没有落脚点，你推我，我推你。久而久之，部门之间就形成了相互推诿，相互指责的工作模式中去。很自然，大家的注意力，也会更多地把精力放在如何应对其他部门推过来的皮球，而不是专注于自身问题的解决。

二、横向切：不去溯源，闭环做事

其实解决这个问题很简单，我们要非常清晰地切断鸡和蛋之间的关系，不去溯源，闭环做事。

对于任何一个部门，从解决问题的角度出发，把外部的鸡或蛋的关系切断，然后，在一个相对闭环的空间中，去寻找问题的解决方案。

对生产部门来说，不要去追溯为何品质不良，应该解决的问题是：质量返工是不可避免要面对的常态了，你如何在质量波动的环境下，提高效率呢？比如，多能工培养、工作合理分解、布局流程优化、自动化设备等，实现省力化与少人化，提高生产率和产能。

对品质部门来说，不要去追溯为何新员工多，应该解决的问题是：新员工多是不可能解决的常态了，如何在新员多的环境下，管好品质？比如通过新员工上岗技能考核、OJT 工作教导、IPQC 巡检与抽检、Poka-Yoke 防呆应用等，降低品质对员工的依赖，用一套系统来保障品质。

对人事部门来说，不要去追溯为何效率低下，应该解决的问题是：生产率低是我们工厂的常态了，如何在效率低的环境下，降低员工流失率，招聘到合适的员工。比如行政后勤的改善、人文关怀、员工生活问题的有效响应解决、丰富的人才培育机会、系统的学习与培训等措施，提高员工归属感和忠诚度，降低流失率，同时，在员工招聘的时候不做夸大或失实宣传，针对不同岗位的需求，精准招聘适合的员工。

如果各个组织或部门都从鸡和蛋的循环中跳出来，大家解决问题的思维是否更加聚焦一些呢？部门之间，是不是少了一些推诿和指责呢？企业是否多了一些务实解决问题的思维和文化呢？

外部的环境不受我们控制，那我们不妨先从自己可以控制的范围内来寻求突破。如何在外部因素不变的情况下，创建一种有效的解决方案或管理体系，恰恰是每一个部门和组织存在的价值。

比如，现在制造系统都在抱怨订单波动大，多品种小批量，但你能改变吗？我们要打造一种适合多品种小批量的柔性化生产模式，以适应波动的市场。

你看，如果大家都以这种思维来做事的话，大家探寻解决方案的讨论环境是不是更加单纯了？问题解决的思路是不是变得简单了？解决方案实施起来是不是更加高效了？

所以说，千万不要过多纠结所谓的外部因素，那样会使我们陷入无从下手的困境。

三、纵向连：横向要切，纵向要连

当然，砍断鸡和蛋的关系，不去溯源，闭环做事，并不意味着不去探寻问题的真因，与我们传统所应用的5Why并没有矛盾。**分析问题真因的时候，要打破砂锅问到底。各个部门在寻求解决方案的时候，要在相对独立的空间去制定改善行动。**

在组织管理中，下一级别的组织单位要切断鸡和蛋的关系，但是上一级别的组织管理者，恰恰要有系统性思维，从全局的角度理解鸡和蛋之间的关联影响，能认清问题产生的系统性偏差。然后，针对偏差的每一个环节，组织相关部门，在独立的空间中制定解决方案。

比如在上面谈到的"效率低—品质差—员工新—工资低—效率低"的例子中，作为统管企业的总经理，他要从全局的角度认清事物本质，但是在实施解决方案时，总经理要制定一个系统的整体解决方案，组织生产部、品质部、人事部等部门来制定对应的措施，而不仅仅是某一个部门的单独行动。唯有如此，才能在宏观认知和具体操作层面，达成卓越的改善文化。

这就是所谓的"鸡和蛋，横向切，纵向连"。

【成功因子-23】
异常管理水平很高，正常管理水平很低

成功因子　要避免陷入"异常管理水平很高，正常管理水平很低"的误区。正常管理做不好，异常管理忙到死。不需要过多关注那些整天让我们忙忙碌碌的异常问题，只要你扎扎实实地关注正常管理的实现，异常问题自然就消失！

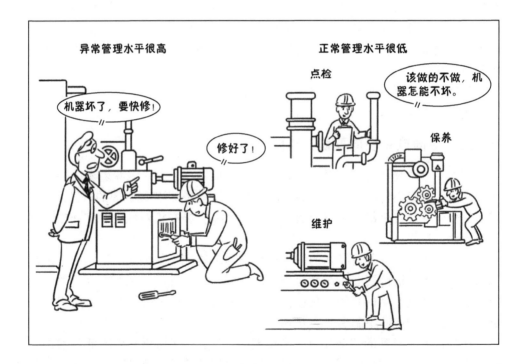

一、一个老中医引发的思考

几年前,我带老妈去看一个老中医。这个老中医很有意思,只看病,开药方,但不抓药,你自己拿着药方去药店买即可,至于费用嘛,你随便给,给多给少都无所谓。

当我带着老妈过来后,老妈像大部分的患者看到医生一样,唠唠叨叨地介绍自己的病情。

然而,那位老中医却很奇怪,他一直提醒我老妈说,你不用跟我说你生什么病。我当时觉得也有点困惑,医生看病,怎么不用听患者描述病情呢?

这老中医的做法表面看来非常简单,要求患者九点之前到达,过来时不要刷牙,不要洗脸,也不要吃东西。面对患者,他只做几件非常常规的事,无非就是传统的望闻问切,看脸色、观舌相、把脉、听呼吸。然后,他就开始开药方,并且告诉我妈怎么正常饮食,平常要多吃什么,少吃什么,不吃什么,要把胃的状态养好,胃的状态养好了,其他就好了。

老中医并没有开很多贵重药,后来我们按他开的药方去药店抓药时,每一剂药基本十几块钱。

说实话,当时的我和我妈,真是半信半疑,一个医生怎么可以不询问病人的异常病症,而只是关注正常饮食起居呢?然而令人意想不到的是,母亲的病却在老中医的指导下慢慢变好了!

后来我想明白了,老中医是从正常饮食起居的角度调养身体,只要身体机能恢复正常了,免疫力提高了,异常报警自然也就消除了!

二、谁是李逵,谁是李鬼?

让我们首先来思考一个问题:作为现场的管理人员,我们的管理重点是关注异常因素呢?还是关注正常因素?

我想,大部分人会毫不犹豫地说:"当然是关注异常的管理!"

可不是嘛,我们大部分的时间,不是在救火就是在去救火的路上!

比如设备异常、物料异常、人员异常、品质异常,设备坏了要维修,客户追货了要赶产,物料不见了要去找,5S太差要去整理,零件不配套要排查⋯⋯这些大量异常处理工作,不就是我们大部分管理者每天在忙碌的工作吗?我们都习惯了在这样忙碌的异常处理中度过一天又一天,一年又一年。

然而,你有没有发现,这恰恰就是大部分人管理的误区,我们痴迷于管理过程中的异常问题,而无暇关注正常流程应该怎么做,然后不得不花大量的时间和精力去应对异常问题。事后又抱怨流程太乱问题太多。

这样导致的结果就是:大部分管理者,抓住了李逵放走了李鬼。也就是说,异常管理水平很高，正常管理水平很低！

三、异常管理是一种伪能力

什么是正常管理呢？就是事情和流程应该有的正确的做法。

比如一个人，正常作息，健康饮食，保持运动就是正常自我管理。但是呢，我们大部分人，偏偏不去做这些正常的事情，天天熬夜不睡觉，饮食没有节制，该运动的不运动，该保养的不保养，最后，身体出问题了，找一流医院的能力很强，找高手专家看病的能力很强，这就是所谓的异常管理，但最终呢，病终究是病，它不是最佳状态。

生产也是一样，比如，机器坏了，你去找维修工程师，你追着工程师说："哥，赶紧给我搞定，不要影响今天的产量。"那工程师一听可是打了鸡血似的，全力以赴。

这种异常管理水平，并不是我们所追求的正常状态。机器为什么会坏呢？是因为应该去做的正常管理没有做啊，比如点检、润滑、保养等。这些正常的正确的事情不做，机器当然就会在不受控的时候出问题。然后，只能靠后面的异常管理来补。

再比如，工序之间的本来状态应该是单件流生产，或小批量快速流动，但我们的管理者没有去遵守与维护。结果是，生产周期很长，库存堆积如山，订单或工单进度搞不清，订单越多，生产越混乱，然后，再花更多的精力去现场到处找物料，然后再插单排产，发动员工紧急加班，甚至，后面还不忘沾沾自喜地向老板邀功，向团队吹嘘这种拼命三郎的精神！

这就是我们管理者的一种误区，异常管理水平很高，正常管理水平很差！实际上，这种伪能力非常害人，这种看似超强的异常管理能力，恰恰在某种条件下掩盖了正常管理能力的低下！

而精益价值流改善的方向呢，恰恰是沿着正常管理主线来进行的。**因为我们相信，正确的流程才能产生正常的结果。我先不管你有哪些异常或问题，我知道理想状态是怎么样的，我明白怎么样是正确的做法，那么，我就朝着理想的方向，做正确的事，一步一步地实现精益化，那么，结果自然就会是好的。**

四、正常管理是一种真能力

回到前面的例子，老中医望闻问切便知身体状况，精益的五大原则和价值流改进的七大准则，不恰恰与老中医原则一致的吗？

精益的五大原则告诉我们：首先是定义价值，要从最终客户的角度来定义产品或服务的价值，然后要识别价值流，也就是实现客户需要的产品或服务的所有活动和流程，包括VA%（增值）和NVA%（非增值）。接下来，我们要想办法把这些活动流动起来。当然，所有的这些活动，都要按照客户需求或后工序的需求拉动作业，最后，我们自始至终，都要追求尽善尽美的改善。

我们再来看看价值流改善的七个准则：

第一个准则是按节拍生产。

第二个准则是尽可能开发连续流。

第三个准则是在连续流无法向上游扩展时使用超市和看板控制生产。

第四个准则是尽可能将顾客订单只下达到一道生产工序，也就是定拍工序。

第五个准则是在定节拍工序均衡分配多品种产品的生产。

第六个准则是定调增量，在定拍工序下达一定的工作量来拉动均衡生产。

第七个准则是在定节拍工序的上游工序，开发"每天制造每种零件"的能力，然后就是每班、每小时或每个定调增量。

我们来看看这七个准则，其中每一步都是告诉大家一个正常的做法，按客户的需求生产，满足客户需求，不产生过多的浪费，这是价值的起点和终点，如何组织生产呢？那就要尽可能实现连续流，实现低库存的快速流动，当连续流无法实现时，采用看板或超市来拉动。最终，在定拍工序的上游工序，实现越来越短的均衡生产能力……

这里面的每一步，都是告诉我们一种正确的逻辑和流程。**你不需要过多关注那些整天让我们忙忙碌碌的异常问题，只要老老实实地按照这个正常模式去做，自然而然，你的异常问题就解决了。**

五、只要正常，便无异常

众多看似无常的问题，恰恰是有常的事情！

不管工厂的问题如何，异常如何，我们需要执行一些基本的正常管理做法就可以了。

只要你按节拍去生产，你就能满足客户的需求。

只要你实现连续流生产，你的现场就不会有大量的堆积，你的5S就简单，你的LT就会缩短，你的管理就会变简单。

只要你在工序断点之间建立了拉动生产，你的生产就会变得有序和可控，不会有过量生产。

只要你扎扎实实地做好设备维护保养工作，你的设备就是稳定的，不会频繁出现异常的故障和停机。

只要你在定拍工序实现了均衡生产，你的系统库存和生产周期就会进一步改善，不必担心交期的问题。

只要……你就……

只要……你就……

最后，你会发现：
只要你关注正常管理的实现，你的异常问题自然就消失了！
只要你正常地饮食，很多病就没有了！
只要你正常地运动，你的身体就越来越好了！
只要你正常地改善，你的企业就越来越精益了！
只要你遵循了正确的原则，你的困难障碍自然就消失了！

【成功因子-24】
存在即不合理，凡事皆有改善空间

成功因子　要敢于从合理中找到不合理的改善机会！所有事物都只是为过去的原因和过去的条件而存在的，从改善的思维来看，所有事物都存在改善的空间，要善于从目前看似合理的状态中，找到不合理的环节，也就是精益所指的浪费，然后，加以消除和改善。

一、南辕北辙的故事

我们常常说，存在就是合理的。

这句话对吗？从常识来看是有道理的，存在的事物肯定是合理的。

但事实上呢？

战国时期，有个人要去楚国。他坐着马车在大道上急驰。路上，他遇到一个同路人，二人攀谈起来。当同路人得知他要去楚国时大吃一惊，问他："楚国在南方，你怎么朝北走啊？这样走，什么时候能到楚国呢？"这人不慌不忙地说："没关系，我的马跑得快，不愁到不了楚国。"同路人提醒他："这样走会离楚国越来越远的。"这人指指自己的行李说："我带的路费、干粮很多，能用好多天，路远不要紧。"同路人着急地说："你走错了，这样走你到不了楚国的。"那人很自信地说："我的车夫驾车技术非常好，不用担心。"同路人见这人如此糊涂，无可奈何地摇摇头，叹了口气，只好眼睁睁看着那个人往北走了。

千百年来，这个"南辕北辙"的故事一直被用来讽刺那些行动和目的相反的愚人。

想往南而车子却向北行，这是根本不合理的方向和路线啊！

二、南辕北辙还可以更快

然而，2016年的一次出行经历，却改变了我对这个成语的看法，甚至颠覆了这个古代成语。

当时，我需要从济南出差到郑州，从地图上来看，郑州是在济南的西南，也大概就是古代楚国的方向。当时，研究了出行方案后，最终选择了从济南至郑州的高铁G1706。

火车开启后，我留意了一下高铁的走向，发现这高铁竟然是驶往正北的河北和天津，大概就是古代赵国和魏国方向，典型就是一个"南辕北辙"。到了天津后，火车调头往西，开往保定、石家庄，然后才一路向南，经邯郸、安阳、鹤壁，抵达郑州。

下图就是2016年G1706和K911的路线图，因高铁线路建设约束，2016年济南到郑州只能这条线路。不过，今天，济南至郑州的直线高铁已开通，高铁运行图中G1706线路已经调整过了。

济南至郑州高铁路线

G1706时刻表 正晚点

车站名称	到达	出发	停留
● 济南西	—	08:00	—
○ 沧州西	08:45	08:47	2分钟
○ 天津西	09:16	09:36	20分钟
○ 白沟	10:13	10:15	2分钟
○ 保定东	10:43	10:47	4分钟
○ 石家庄	11:23	11:26	3分钟
○ 邢台东	11:55	11:57	2分钟
○ 邯郸东	12:13	12:17	4分钟
○ 安阳东	12:35	12:37	2分钟
○ 鹤壁东	12:51	12:53	2分钟
● 郑州东	13:26	—	—

济南至郑州普通车路线

K911时刻表 正晚点

车站名称	到达	出发	停留
○ 济南	15:56	16:06	10分钟
○ 泰山	16:58	17:01	3分钟
○ 磁窑	17:27	17:47	20分钟
○ 兖州	18:22	18:35	13分钟
○ 邹城	18:50	18:53	3分钟
○ 滕州	19:19	19:22	3分钟
○ 枣庄西	19:44	19:47	3分钟
○ 徐州	20:46	21:12	26分钟
○ 砀山	22:37	22:41	4分钟
○ 商丘	00:02	00:07	5分钟
○ 民权	00:44	00:55	11分钟
○ 兰考	01:17	01:21	4分钟
○ 开封	01:52	01:55	3分钟
○ 郑州	02:42	02:52	10分钟

这样的线路会更快吗？我初步算了一下，济南到郑州距离 500 公里左右，G1706 高铁按这个"南辕北辙"的走法，差不多要跑 1000 多公里。但是，当时郑州和济南两地的直线距离只有耗时更多的普通列车 K911，这趟普通列车 K911 从济南到郑州的距离虽然只有 500 多公里，但耗时却差不多要 11 小时，相比"南辕北辙"的高铁还慢了 6 小时！

也就是说，"南辕北辙"的走法，路线是长了近 500 公里，但是高铁这匹"马"比普通列车快，耗时反而更短了！

这现代交通技术，彻底改变了传统意义上的合理性定义！传统马车时代，距离至上；高速铁路时代，速度至上。

三、常识是用来挑战和颠覆的

套用一句时髦的话：常识是用来挑战和颠覆的。

企业管理也是一样，存在就是合理的吗？

还真不一定！

存在的往往都是不合理的！

因为，从改善的思维来看，所有事物都存在改善的空间。

改善的思想就是不断追求更合理更完美的状态，**现在的所有事物，都只是为过去的原因、过去的条件而存在的，从今天和明天的改善视角来看，它们的存在是不合理的，是需要改善的。**

10年前，你的订单交期50天，客户已经很满意了，但是，在速度至上的今天，客户显然不能满足于传统的50天，提出了更快的交期要求，从50天，到40天，30天，甚至进一步提出JIT的模式。

5年前，公司买了一台80吨的冲床，采用单冲模，当时来看，是合适的，因为你的产品刚刚推出，订单还比较小。但很快你就发现，这生产率太低了，随着产品的稳定和订单的增长，需要采用连续模生产，为了满足连续模，设备也要相应地更新并提高吨位。

3前年，你的厂房不够，租了一个更大的厂房，搬进去后，满足了公司规模扩大的需要。今年公司导入精益改善，很快就发现，这工厂的布局浪费太大了，比如设备的摆放比较松，厂房的柱子间距较小，放1台很宽松，放2台又挤不下。

1年前，公司引进了一台进口的贵重设备，效率不错，稳定性也很好，大家都赞不绝口。今年，公司导入数字化管理，问题来了，这台进口的设备，它的数据接口对不上，无法实现生产数据的实时采集。

半年前，你把总装线进行了一次优化，把平衡率由70%提升至85%，效率提高了很多，大家都很满意。几个月后，通过设计改进，有几个零件的结构简化了，减少了一个零件；通过工装导入，几个工序的操作时间都缩短了，于是，产线的平衡率又下降到80%以下。

…………

你看，我们周边所有的事物，都是为了过去的条件而存在的，从当时的条件来看，它们似乎是合适的。

但是，条件是动态变化的，现在条件变化了，技术进步了，需求也变化了，这些存在的事物就体现出不合理的一面。

从改善的角度出发，即使是基于目前条件而设计的方案，也是存在许多需要优化的地方。

精益改善的原则之一，就是持续地追求尽善尽美，我们要善于从目前看似合理的状态中，找到不合理的环节，也就是精益所指的浪费。然后，加以消除和改善。

【成功因子-25】
日式精益与美式精益

成功因子　日式精益关注过程与文化建设，美式精益关注结果导向，我们要在充分认知两者的文化内涵和模式特征基础上，找到适合自己的成功因子，构建适合企业的精益模式和解决方案，最终打造中国企业的独特的精益模式和文化。

要素	日式精益	美式精益
文化基因		效益不好，要裁员。
过程与结果	注重过程	财务收益　绩效突破　注重结果
精益方法论	关注现场	总结创新

一、文化基因方面的差异

美式精益？

日式精益？

乍一看，大家可能会感到诧异，精益还分日式精益与美式精益？

我想，可能很少人会想到或去思考美式精益与日式精益的话题。

不知道大家有没有去探讨过，精益其实是有日式风格和美式风格之分的。虽然其核心都在于消除浪费，但是日本企业和美国企业对精益应用的实践路径、关键目标还是有很大区别的，中国企业在实践精益的时候，对这个差异需要有一个清晰的认识，然后才能根据企业自身的物证来制定合适的解决方案。

我们企业在导入精益的时候，是需要日式的效果呢，还是美式的效果呢？

大家都记得精益是美国学者在丰田生产方式的基础上总结发展过来的，精益从一开始就被贴上了日本丰田的标签。

精益在中国的实践，主要也是通过日本和美国两个渠道传入。而精益在日本和美国的实践，实际上，也有很大的差别。我们来剖析一下日本和美国在精益改善方面的文化差异。

先来谈谈日式精益，日式精益有什么特点呢？**总体上来说，日式精益比较关注于长期的人才培育和文化建设。**在日本企业，员工的工作关系比较稳定，秉承"造物先育人"的理念，企业的核心文化是在持续改善中培养人才。所以，日企更趋向于在长期的持续改善过程中，培养适合企业的人才，打造一种全员参与、持续改善的体质和文化。而事实上，在日本企业，他们也不叫精益，精益是美国人总结和提炼的结果。

但美式精益就不一样，**美国企业的精益更关注于快速见效和财务收益。**这跟美国人的民族文化息息相关，美国人的作风更偏向于结果导向，哪里不爽就快速搞定哪里，快刀斩乱麻。美国企业，面对经济危机和处理财务困难时也是同样如此，财务表现不好，马上裁员，快速处置不良资产，甚至破产清算。我们不妨回顾一下，2008年的金融危机，大张旗鼓裁员的往往都是美国企业，而日本企业却一直很少这么做。

二、过程与结果方面的差异

正因为文化层面差异，美式精益与日式精益在目标追求方面是有明显区别的。

日式精益偏向于过程导向，侧重于改善文化的打造和人才的培育，专注于扎扎实实地做改善，他们并不那么急于追求短期的财务效果和绩效突破，他们认为，只要过程是好的，那么，结果肯定也会是好的。所以，我们现在才会看到，日本的丰田，可以几十年如一日地追求全员参与的改善文化，培育人的思想、意识和能力。所以，在日本企业，你不太需要一个专门的精益推进办公室，去推动精益的变革，改善的思想和动力，一直在他们日复一日的改善过程中。

美式精益偏向于结果导向，则更侧重于财务收益和绩效突破，一个比较现实的情况就是，**企业的职业经理人，往往承担着较大的 KPI 压力，无论是精益的倡导者，还是各部门的负责人，或者是公司的总裁，他们迫切地希望通过精益改善，能支持到他们的绩效表现**。试想一下，如果这位职业经理人的 KPI 结果不好，他在企业连活下去的机会都没有，更谈不上推进精益的变革了。在这种背景之下，职业经理人内心的真实需求，肯定是实现某些指标的短期突破。

比如在推进 TPM 的时候，日式精益比较关注于通过全员参与的设备维护保养体系和文化，进而培育人才；而美式精益呢，目标很明显，就是要提高设备的综合效率 OEE，不管你做什么，怎么做，最终，要看到 OEE 的改善效果。

三、精益方法论层面的差异

在方法论层面，日式精益和美式精益更是有着明显的差异。

说实话，日本人做精益做得有点笨。他们擅长于现场，一头扎进现场，从早到晚甚至三更半夜，就守在现场，找浪费，做改善，却较少花时间去系统地总结、梳理和提升。日本的精益改善专家，基本上都是偏向于现场操作层面的。

反观美国人呢，他们是一个善于总结和创新的群体，如同 20 世纪 80 年代，在麻省理工学院成立的国际汽车计划组织，历经了 5 年的研究调查，把丰田生产模式总结成精益生产方式，他们不仅总结了精益生产的思想和理念，更是总结出一套推行精益变革的系统方法论，这些方法论，可以有效地指导各行业及企业实践精益。

至今，我们还发现一件非常有意思的事，很多在日本企业工作了很多年的人，其实都不太了解 VSM 价值流分析与设计的工具方法，就好像一个人，天天在都改善，却没有过多去关注自己用了什么样的理论和方法，对日本企业来讲，他们更关注现场点点滴滴的改善（GEMBA）。

为了更好地阐释精益，美国的专家们，还编写了大量的精益著作，包括我们熟知的《改变世界的机器》《精益思想》《金矿》《精益战略部署》《精益医疗》等。与此同时，他们还开发了大量的精益沙盘、精益道场、精益游戏，通过一些积木道具、微型工厂、仿真软件等技术手段，模拟从传统工厂到精益工厂的深化过程。时至今日，我们看到的精益培训的 PPT，很多也是早期从美国导入的。

不仅如此，美国人对精益的应用进行了大量的创新，把精益的应用延伸到了非制造领域，比如医疗、金融、服务等。

四、中国模式，代表未来

那么，日式精益和美式精益，孰好孰坏，孰优孰劣？

事实上，两者之间，虽有不同，但不存在好坏优劣之分。只是看你的企业，到底推崇哪种效果，你希望通过精益改变什么，你的企业文化更加侧重哪种风格，只有搞明白了这一点，你才能明白自己为何而做、往哪里做。

如果你是在一家比较偏重内部绩效考核的企业，那么，可能没有太多时间给你去做长期的见效慢的人才培育的工作。你需要的，可能就是借助精益的变革，支撑你能活下去的绩效或者 KPI。

如果你是在一个相对比较稳定而又高度讲究安全的企业（比如电力、核电等），那么，你可能需要创建一种扎扎实实的现场改善的保障体系和改善文化。

但不管哪种模式，最终，我们要将精益的理念、工具和方法，与企业自身的文化和体系结合起来，**找到自己企业精益实践的成功因子，创造出适合自己企业的精益模式，以中国企业的精益模式，形成自己独特的改善体系和文化。**

我们知道很多欧美日企业喜欢创建自己的生产模式，比如丰田的 TPS、博世的 BPS……，现在也有很多的中国企业也开始形成自己精益制造模式，比如美的的 MBS、格力的 GMS 等。

我相信，日式精益也好，美式精益也罢，最终，我们中国企业都必须消化、吸收并转化成自己的模式，然后，以自己独特的模式，形成中国企业新的核心竞争力。而我们有理由相信，中国制造模式，代表着制造业的未来。

第 6 篇

关于方法应用

【成功因子-26】
不要盲目追求一个流

> **成功因子**　一个流，可以有多种形态和不同单位的流动。避免过度追求又大又长的流水线，适当给流水线松绑减负，可以让产线稳定高效地运行，也可支持到模块自动化。

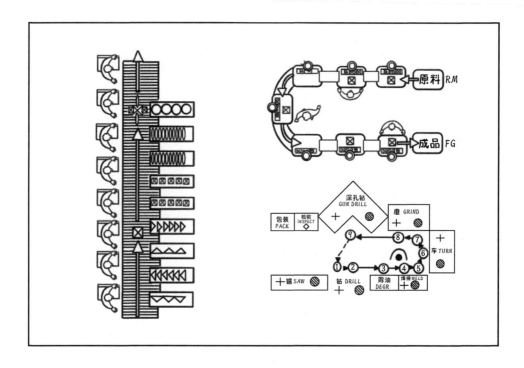

一、一个流，到底是一个什么流？

One Piece Flow——OPF！

一个流，产品一个一个流动，做一个，检查一个，传递一个，完全的零库存，完全的产线平衡！

好美的景象，想想都激动！

创建一个流生产，我想，这是大部分精益人士的追求。

一个流好吗？当然好，好处太多了，也不需要我在本文中列举。

可是，在现实中改善时，我们千万不要过于盲目地追求理想的一个流。

很多人对一个流的理解，可能仅仅局限于产品的一个一个流动，这是一种明显的误解。

一个流，到底是一个什么流？我们不妨做一道填空题：

一个（　　　）流。

那我们来想象一下，括号中，应该填入什么词呢？

我们把"个"理解为量词，那么，在括号中，应该补充一个名词，这个名词，是什么呢？不妨考虑一下：

一个（产品）流；一个（容器）流；一个（订单）流；一个（工装）流；一个（车子）流；一个（配套）流……

你会发现，这流的对象，瞬间扩大了！

一个流，不仅是一个产品为单位的流动，还可以是一个订单为单位的流动，以一个容器为单位流动，以一个工装为单位流动，以一个车子为单位流动，以一个配套为单位流动……

有时候，可以把产品放在容器中，以容器为单位流动。比如，某种产品，它的成品是6个产品一起包装的，那么，全流程中，我们可以把6个产品装在一个容器中，按容器流动。我们称之为一个容器流。

有时候，产品是由几个关键部件组成，比如齿轮，往往由两个齿轮构成齿轮副，如果两个相互啮合的齿轮分开流动的话，会出现齿轮不配套、不同步的情况，给后工序带来很多问题。那么，我们可以考虑将两个啮合的齿轮按1∶1比例放在同一容器中，按配套的方式来流动。

在家具类生产流程中也经常面临这样的问题，家具往往由 n 块板件组成，而组装车间最头痛的问题之一，就是板件不齐套。症结之一，就是加工车间下料的时候，各板件是独立下料，然后各板件做好了就往后流动，造成不齐套、不同步的问题。那么，我们必须在加工车间下料的时候，就按配套来下料，并且配套来流动，可以把配套的板件放在同一台物料车上往后流动，从源头控制物料的齐套性。

二、适当给流水线减负

创建一个流,前提是把上下工序串联起来,整条生产线按同一节拍进行生产。这种连续流的生产方式能够剔除大量的浪费。

流动,是精益的追求。价值流改善的第二个准则是"尽可能创建连续流",大部分企业在精益实践的初期,都是聚焦于把工序之间进行串联生产。

不过,在创建流动的时候,我个人并不建议过度地追求把太多的工序串联,总装流水线上的工序,不一定越多越好。

首先,工序越多,作业平衡的难度越大。流水线的工序越多,作业拆分和平衡的难度越大,平衡率提升越难,这一点大家容易理解。

其次,产线越长,串联的工序越多,异常叠加的影响越大,每一个点上的异常,都可能导致整条产线的停产。产线越长,配置的人员越多,每一次停线,带来的损失就越大。

当然,我们可以从JIDOKA的角度,建立异常响应机制,逐步消除流程中的不稳定因素,达到安定化生产,但是,安定化生产所必需的物料安定、人员安定、设备安定、品质安定、作业安定并不是一朝一夕就能解决的。如果一条流水线过于庞大的话,这些损失反而影响效率的提升。

所以呢,我们**不妨考虑适当给总装流水线适当减轻负荷**。让总装线可以轻松、高效运作。如何减负呢?做法有很多,比如:

※ 长线分段,将一些工序分离出来,构建更多的生产单元,按节拍进行匹配,我们允许单元之间有适当的标准在制品(或标准手持)。

※ 部件上线,将零件上线总结的方式,改成部件上线的方式,将 n 个零件组装好,以一个部件的形式配送到总装线。这个部件在哪里组装呢?可以内部预装,也可以采购的时候,由零件采购变成部件采购,这是目前很多企业比较常用的做法。

适当给流水线减负,可以大幅减少流水线各工序之间异常叠加的影响,让每一段产线可以高效地生产。

当然,从精益方法论来讲,我们要更多关注 JIDOKA 这个重要支柱的改善,建立快速响应机制,改善品质,提高流程的稳定性,这是解决问题的根本。

三、分离整合,模块自动化

随着改善的深入,自动化的应用开始提上日程。我们都知道,有些动作,如果分拆在流水线中,自动化的难度较大。

但如果,我们把某些单一的动作从流水线独立出来,比如在一个大外壳中预装一个焊接固定块,或者,把几个小零件组装为一个部件。这些工作独立出来后，可以作为预装工作统一安排。而这个动作，可能每条流水线都有相同的操作，那么，我们可以把 n 条流水线相同的操作独立出来，合并一起，就有机会采用自动化设备，以较大批量方式实现少人化的高效生产。

我们不一定能把整条生产线变成自动化，但是可以把某一些工序合并，实现某些模块或某些部件的自动化。

即使不导入自动化，也可以弹性地利用整体车间的闲余工时进行生产。

当然，独立出来的做法，并不是要违背连续流的原则走回头路，关键是要在流动的断点上制定控制规则，按拉动的原则，创建看板或超市，以较低水平的库存确保流动的快速性。

【成功因子-27】
大胆去突破 PE 的约束

成功因子　工艺技术和产品设计可能正在成为精益的制约因素，一定要敢于向 PE 提出创新需求，敢于引入新工艺、新技术、新设备和新流程，最终打造精益化的生产和产品。一个不懂 PE 改善的工程师不是一个优秀的 IE 工程师。

一、一个 IE 工程师终将碰到的瓶颈

如果你是一个 IE 工程师，或精益改善专员，随着改善的深入，有没有碰到类似的瓶颈呢？

❖ 这个是工艺要求的——要按照工艺要求来做。
❖ 这个是产品设计的——产品设计就是这样的。

如此工艺和产品的问题，是否一下子把你的改善中断了呢？

你是否会发现，大量的各种各样的工艺问题制约了进一步改进呢？比如：

◉ 特殊处理：比如电镀、退火、清洗、酸洗等特殊工艺要求，这些工艺要求会把正常流动的工序中断。

◉ 环境要求：比如噪声、粉尘、温湿度要求、气味、强光等，这些可能要求独立的作业空间或环境保护。

◉ 工艺时间：比如固化、冷却、干燥、老化等，这些都要求有较长的工艺时间，把流程速度变得很慢很慢。

碰到这些工艺和产品的约束，作为一个 IE 工程师，这些技术性问题似乎是超出了你的职责范围和认知能力，怎么办？

如果迁就这些约束，你的改善将无法跨越这些障碍。

然而，作为一个优秀的 IE 工程师，你必须有意识去解决而非迁就这些问题，要有勇气推动各部门去挑战这些 PE 层面的问题，并且，还要有能力应用 IE 的手法去分析和处理。

不能推动 PE 改善的工程师，绝对不是一个优秀的 IE 工程师。

二、PE 动了精益的什么奶酪？

什么是 PE 呢？我们可以从两方面来理解：

PE 的第一层含义是工艺工程（英文：process engineering），是将设计变成产品过程中的工艺技术，包括工艺流程、工艺方法、设备参数、检测要素、质量标准等。

PE 的第二层含义是产品工程（英文：product engineering），是将输入转化成客户需求的产品功能设计、结构设计、性能设计等要素，也就是我们常规理解的产品设计。

精益追求流动，创建连续流生产是实现精益化的重要手段。而在现实中，精益的实践者们却发现，创建一个好的连续流单元生产模式从一开始就面临来自工艺技术和产品标准的挑战，特别是随着工厂规划的扩大，产品形态越来越多，工厂的人会不断地提出疑义：

"我们的产品是很杂的。"

"我们的产品订单都很小。"
"我们的产品工艺流程差别很大。"
…………

如此问题，相信大家都碰到过，这也确实成为精益实践者们必须面对的困惑。当然，一些精益实践者可能会通过 PQ 分析来选择一些批量较大的产品开始切入，一些精益实践者也会采用快速切换技术来解决产品切换的问题，还有一些精益实践者会尝试各种柔性生产的管理技术，比如多能工等，但无论哪一种方法，都还没有从根本上解决产品一致性的问题。

在混乱的流程中，我们或许会找到一些规律，比如产品族的进一步细分和分类，但如果要从根本上解决问题，传统的 IE 手法会碰到瓶颈，必须要从 PE 的角度来进行工艺流程标准化。

IE 改善手法：关注于从时间分析、动作分析、人机配合、产线平衡等方面的优化员工的作业方法。

PE 改善手法：关注于从产品工艺路线、加工方法、工艺技术、产品设计、设备参数、模具工装等角度，来改进产品本身的加工过程。

很多时候，你会发现，如果工艺不改，产线的优化很难有突破性的改善。

【场景一】工艺时间约束：某个工序需一种胶水来固定两个零件，工艺上要求胶水在自然条件下固化 8 小时。这看似正常的工艺要求，给精益改善带来极大的障碍，然后你会发现，连续流不得不被中断。当然，在工艺不变的情况下，你可能会采取机械式循环来实现固化工艺，试图在物理上来克服产品的流动（典型的做法是做一个上下多层的流水机构，产品进去后，在机构中流动 8 小时）。往往你又会发现，这个机构很多场景下并不现实，一是机构庞大，二是操作并不经济。那么，从 PE 的角度出发，能否把胶水的工艺时间缩短？越短越好，甚至更换工艺或产品设计，最终取消胶水的工艺要求。

【场景二】工艺路线不一致：相同的工序，不同的产品所设计的工艺路线并不一致。比如，A 和 B 是同一产品族，A 产品的加工路线是落料→冲孔→车外圆→钻孔→精压，而 B 产品的加工路线是落料→钻孔→车外圆→冲孔→精压，在这种情况之下，如果以 A 的工艺来布局产线，则生产 B 时，流程需要倒回来，我们称之为回流。这种工艺路线对产线布局带来的影响是灾难性的。那么，从 PE 的角度出发，能否调整 AB 产品的加工顺序，使两者的工艺流程、加工设备完全一样呢？

【场景三】工艺方法不一致：相对的工序，不同产品的加工方法不一致，比如 A 产品的螺钉要求用电动螺丝刀，而 B 产品的螺钉要求用气动螺丝刀；同样是 PCB 引脚焊接，A 产品用手工焊，B 产品用自动焊。这些不同的加工方法，在产线布局和设计时，需要考虑很多的可能，万一某一产品的某个加工方法在前期设计时没有考虑进去，那么，生产该产品时，这条线就不适合生产该型号了。从 PE 的角度出发，我们可以调整这些工艺方法，使不同产品的加工技术一致化。

....

碰到这些 PE 的约束，作为改善人员，如果迁就现有工艺的话，显然是非常被动的。而且，在大部分情况下，一旦有人提出来工艺要求，往下沟通就变得非常困难，特别是一些工厂，工艺技术往往是由一些比较资深的技术总工或专家负责，他们说一，其他人不也不能说二，毕竟是技术层面的事嘛。

久而久之，工艺问题就变成一道看似不可逾越的鸿沟。

三、没有 PE 的突破哪来精益的突破？

怎么办？

其实没那么难办。在过去多年的改善过程中，我在这方面作了大量的成功实践。

中国很多企业的产品，工艺本身并不是那么的成熟和标准化，一方面是受工艺水平的约束，另一方面，是我们工厂的产品更新迭代特别快，产品和工艺的成熟度都还比较弱，改善的空间特别大。

首先，我们得知道自己要什么，从价值流角度出发，知道理想状态下的流程是什么样的。然后，识别出理想状态的制约因素（本文特指 PE 方面的制约）。接下来，就大胆地提出面向 PE 的改善与创新需求。

很多时候，那些看似深不可测的工艺技术，看似遥不可及的产品设计，看似固若金汤的工艺标准，一旦我们真正进入到其中，最终取得成功并不难。

对约束流程精益化的工艺方法和加工技术进行优化，不排除专项的技术攻关，或创新性的工艺突破。

【案例一】某产品在冲压之后需要退火，而退火是独立的工序，使用特殊的氮气炉作业，考虑安全因素，退火工序单独布局在一个比较偏僻的角落位置，产生大量的搬运和库存。为了节省退火炉的能耗，每半个月才启动一次退火设备，如此一来，冲压后的半成品基本上需要等待 10~15 天，导致生产流程的中断，也带来大量的库存以及管理浪费。为了突破这个问题，我们专门成立了项目攻关小组，从设备性能、模具优化、产品结构、材料改进、工艺方法等多方面进行重点攻关，最终，经过 11 个月的攻关，成功取消了退火工序，实现了产品的连续流生产。

【案例二】某产品胶水的固化时间要求 8 小时，刚开始，精益团队考虑做一个循环式的挂链或转盘或立体流水线，产品在上面转一圈刚好 8 小时，但最终放弃了这个构思，原因是产品体积大而且比较重，库存量太大，机构非常庞大。

为了解决这个问题，公司成立专项攻关小组，联合胶水供应商、院校专家团队进行联合攻关，最终，在不影响性能的情况下，配制出一种新的胶水，新的胶水结合UV炉，只需要3分钟即可完成固化的过程。

然而，成功是结果，过程却是非常艰辛，甚至是漫长的。因为新工艺的革新，一方面要突破认知上的转变，另一方面还要投入大量的精力和毅力去坚持，还可能要承担失败风险或试错成本。

就拿上面的退火案例来说，我们展开了系统性的革新策划，我们项目小组，借助精益价值流分析的思路，对新工厂的制造技术变革进行全面的策划，为了了解行业最新技术和趋势，我们走出去，借外脑，用平台。我们走访了大量的企业，包括同行企业，特别是行业中精通各种信息的人，最后，我们提出了系统性的革新方案。

在工艺革新的过程中，我们经历了至少不下五次的失败，每一次尝试的失败，几乎都可以把项目判死刑，如果不是意志坚定，项目极有可能早早流产或胎死腹中，最终不了了之。

最后成功取消了退火工艺，建立连续流的生产模式变得非常简单，再配置上机器人作业，一条无人化的精益智能生产线就建成了，产成品的制造成本直接下降43%，最终，将该产品打造成批量生产的爆款。

所以说，没有PE的突破，很难有精益的深度突破。

我们在改善的过程中，一定要敢于向PE提出创新需求，敢于引入新工艺、新技术、新设备和新流程，最终打造精益化的生产和产品。

【成功因子-28】
精益文化，没有宣传就不好玩了

成功因子　精益不是一个人的战斗！在全公司范围内广泛展开精益宣传活动，将精益生产的理念和方法、精益改善的成果，尤其是员工参与的培训、研讨、改善、成果与表彰等相关活动，充分在全公司范围内宣传和展示，使员工充分体验精益改善的氛围和文化，更强地融入企业。

一、精益宣传有必要吗？

很多企业负责人或精益管理者容易忽略宣传与文化倡导，特别是在初始阶段，他们往往还存在一些传统的看法和顾虑：

※ 企业是务实的，关键是要有效果，不需要宣传。
※ 那是一种邀功的做法，不好意思做。
※ 别人可能会觉得太张扬不好。
※ 宣传与分享需要花钱，没必要，有实效就行了。
※ 做了宣传，员工也不看，没意义。
……

事实上，以上认识都不适用于精益管理推动的需要，我们要重新认识宣传的意义和必要性：

精益生产不是一个人的战斗！

精益生产的推行与持续改善氛围的营造，需要高层倡导者至员工每一个人的参与和支持！有效的宣传与分享是调动全员参与的有效手段之一！

宣传的价值一：没有宣传分享，本身就是一种巨大的浪费。

将精益的理念、方法、精益实践的效果等，通过感性的方式表达出来，其实是一种分享的技术。试想一下，如果这些好的东西只是放在电脑里或者个别人的脑袋里，你会怎么看？别人如何获得精益的信息？特别是基层员工，他们没有电脑，没有很多文件，也不会有机会参与各种各样的会议和培训，如果信息不公开透明，大家不能得到有效的分享，那么，精益谈何推广呢？精益不是少数人的工具，改善不是一两个人的战斗，把精益分享给所有员工，是精益推进中非常重要的环节。

宣传的价值二：宣传本身就是一个培训学习的过程。

我们常常说要对全体员工进行精益的培训，但培训的形式不仅仅限于在培训室讲课，培训的形式可以丰富多样的，把精益理念、工具、实践通过海报、宣传栏、晚会、标语口号、知识比赛、沙龙等不同形式进行宣传，其实就是对员工最简单、最快捷的一种培训，员工很容易接受这些多样性的、参与性的培训方式，效果远远好过单一的课堂式上课。

宣传的价值三：宣传本身就是一种互动和参与。

通过丰富多彩的宣传活动（如晚会、比赛、沙龙等），可以在精益生产与员工之间搭建起一个互动的渠道。员工不再仅仅是按部就班的执行者，他们可以通过这些活动参与到精益的事业中来，并在管理者和员工之间形成一种良性的沟通和互动，拉近员工和管理人员之间的距离，增强员工的企业归属感。

宣传的价值四：宣传是企业文化建设的载体。

我们常常谈精益文化建设，这个文化建设具体到行动上来说应该做些什么呢？答案很简单，最直接也是最容易做的就是持续地通过丰富的宣传活动，使精益的理念、方法和实践深入全体员工思想中，在潜移默化中形成精益思维，影响员工的言行举止。正如一家我们成功导入精益管理的企业总裁所言："要让精益成为我们的共同语言，大家交流三句话就开始精益思想。"当精益成为大家工作的共同语言时，精益文化就开始根植了。而这处根植的过程，宣传是必不可少。特别在对一些劳动密集型的企业来讲，基层员工占了大部分，如果不通过大量的宣传活动，那些精益思想、工具和精益实践是很难传导至员工的。

二、什么时候需要宣传？

精益宣传应该是循序渐进的，在精益推进的不同阶段，宣传的侧重点也会有所不同，但总体上，我们可以把宣传工作分为三个阶段，在每一个阶段，可以设置不同的宣传侧重点。

【宣传的第一个阶段】在启动前期阶段。

这个阶段主要以变革意识导向为主：企业面临的危机和问题是什么？为什么要推行精益生产改善？

【宣传的第二个阶段】在初期导入阶段。

在精益导入的初期阶段，以精益推行策划为主：推行精益生产的长期使命和愿景是什么？为实现精益使命愿景，整体规划和推行计划怎样？

【宣传的第三个阶段】在推广普及阶段。

随着精益的推进，逐步进入推广普及阶段，这个阶段，精益的宣传则侧重于精益技术与成果的分享：精益生产理念和方法，改善的工具和技术，改善的过程及改善的结果，激励和分享的平台和活动。

三、精益宣传的方式有哪些？

精益文化的倡导与宣传必须结合公司的战略和文化，以活性化、静态化、趣味化和常态化的方式全方位展开。

1. 活性化方式

结合公司的战略规划和企业文化，高层支持与参与，在企业的各项组织工作中渲染精益的思想和理念，如精益愿景、精益使命、精益规划、精益口号、LOGO等，这些信息在公司的各个场景中展示，使精益逐步深入员工的思想中。

2. 静态化方式

以目视化为手段，将精益推行过程中的相关信息展示于生产及办公的各个场所，全体员工能够方便获知相关信息。比如各种横幅、精益宣传栏、各种海报、手册及报刊、网站、公众号等。

从目前来看，以公众号为载体的宣传是非常有效的方式。一方面，宣传成本几乎为零，另一方面，阅读方便，可以通达每一个拥有手机的员工。

3. 趣味化方式

以精益的名义和趣味的方式，组织相关的活动，以活动带动全体员工参与和体验。比如举办精益专题晚会或冠名活动，举办各种精益比赛活动，举办各种颁奖与纪念活动

我们大力倡导精益生产实践的企业，尽可能多地组织类似的趣味性的精益活动，这些活动与传统的培训不同，它们是让员工真正参与到宣传活动中去，在组织和参与活动的过程中，员工直接得到了分享和培训。尤其是新一代的年轻员工，他们不喜欢机械式的讲话，他们更愿意表现自己的创造力和主动性，愿意在活动中体现自己的价值，而不仅仅是被动接受。

4. 常态化方式

通过标准化，将精益生产的要素固化成各组织的日常化企业活动。如每日例行精益早会、精益月会等。

1）**定期管理会议**：定期组织相关的精益会议，总结和分享精益信息。以总结和汇报为主，尽可能与公司管理层的定期会议相结合，如月度运营会议（Monthly OPS Meeting），公司的周期性会议必须安排精益一项内容。

2）**改善报告会**：定期或不定期组织改善报告会，使与会者分享改善成果。以分享改善成果为主，尽量由改善者进行报告。最好选择高层来访、第三方人士来访的重要时间点。如果有多个工厂推行，可组织周期性区域精益大会，区域性会议可轮流在各个工厂或酒店召开，与评奖和颁奖活动结合，且最好有全程录像，制作成视频用于后续宣传。

3）**员工激励活动**：定期对改善的成果进行总结和表彰，奖励先进，鼓励后进。

总之，在精益推行的过程中，精益宣传是必不可少的，很多企业精益改善搞了几年，却没能在公司范围内建立起精益改善的文化，员工也感受不到改善的氛围和动力。

因此，我们有必要在全公司范围内广泛展开丰富多彩的精益宣传活动，将精益生产的理念和方法、精益改善的成果，尤其是员工参与的培训、研讨、改善、成果与表彰等相关活动充分在全公司范围内宣传和展示，精益文化宣贯的方式有很多，每个企业都可以结合自身的体系和文化，充分展开精益的文化倡导活动，使员工充分体验精益改善的氛围和文化，更好地参与精益改善并融入企业。

【成功因子-29】
精益五环　缺一不可

成功因子　盲人摸象式的实践很难实现整体性的精益变革，必须要从"道""法""术""器""势"五个层面（精益五环）来建立系统的解决方案，道以明向，法以立本，术以立策，器以成事，势以立人！

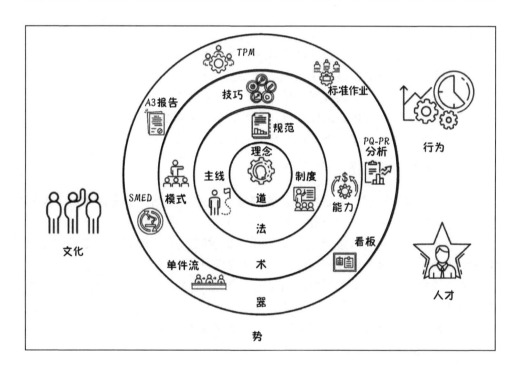

一、精益五环

精益是一种系统的识别和剔除浪费的理念和方法,通过消除非增值活动来加快流程速度。这种管理方式正在被越来越多的企业认知和实践,并从中获得企业的管理变革和财务收益。但是,在精益导入和实践的过程中,大部分企业的管理者或精益的倡导者,都会碰到一些相同或相似的问题和困惑。

※ 通过培训和学习,大家都了解了一些精益生产理念、工具和方法,但是呢,就是找不到一个推进精益变革的突破口和套路方法,很难把精益的理念与实践结合起来。

※ 既然很难系统地实施精益生产的全部理念,那就先从一些基本的工具开始改善吧,但仅仅尝试其中一些工具或方法时,又无法看到由点到面的整体效益。

············

面对以上的疑惑,怎么样推进才能避免盲人摸象式困境呢?

在我看来,企业的精益变革实践必须要从"道""法""术""器""势"五个层面来建立系统的解决方案,我称之为"精益五环"。

道以明向,法以立本,术以立策,器以成事,势以立人。

下面,我分别来阐述一下精益五环的系统解决方案。

二、精益一环:道

什么是精益的道呢?**它是指精益的理念、思想与规划,引导改善的方向和意志。**因为精益是一个只有开始而没有结束的旅程。我们首先要坚定精益的信念,正确地认知精益持续改善的核心思想,把握精益变革的意志,把精益思想纳入企业长久的系统战略和管理行为,而不仅仅是临时的解决方案。

从道的角度,我们首先要解决的是一个思想层面的问题,搞明白"为何而干、为谁而干、往哪而干"。

关于道,在本书其他章节中有所论述,这里就不再赘述了。

三、精益二环:法

明确了精益之道,才会去寻求精益变革的法。**"法"是指精益的主线、制度与规范**,它规定了"术"与"器"的内容与形式。我们要清晰地知道精益推进的系统规划,以价值流为主线,制定精益变革的阶段性任务和目标,同时,制定精益的管理规范和流程机制,从制度层面来保障精益的顺利推进。

通俗地说,法就是要从"面"的角度来保障精益的正确和有效运行。

从法的角度,我们要思考一下:

※ 我们精益前行的主线是什么？或者说，我们实现理想状态的路径是什么样的？这是很多企业经常感到困惑的问题。每次搞完一年精益，就开始困惑明年精益怎么搞，搞什么，感觉就是走到哪，打到哪，缺乏一个清楚的路径。

※ 我们精益推进的组织怎么样？是否建立一个稳定可靠的精益组织机构？如何从制度或流程上保障这个组织是稳定且可靠的？这一点非常重要，在过去众多企业的经历中，精益组织的不稳定是最大的不安定因素。很多企业，IE 或精益部门一时有，一时没有，来一个领导喜欢精益，设个精益办，他走了，换个领导不喜欢，把精益办给撤了；效益好的时候，弄个精益办，效益波动的时候，首先把精益办给砍了。如此折腾，精益如何能让人放心呢？

※ 我们精益管理的制度怎么样？是否建立一套保障精益正常运行的体系和机制？比如改善激励机制、人才培养机制、精益薪酬制度、培训管理体系、精益评价体系等。这些机制，一方面可以促进精益的运行，另一方面，我们在思考和设计这些机制的时候，反过来会促进我们对精益的理解和应用。

在精益推进过程中，千万不要轻视了法的建设，缺乏了这方面的保障，你的精益是经不起挫折和波动的。

四、精益四环：器

在谈精益三环"术"之前，我先来谈精益四环的"器"。

什么是精益的器呢？**精益的"器"，是精益的工具、方法与手段**。就拿武术的世界来说，器是指大侠使用的各种兵器，比如枪、剑、飞镖、矛等。而精益的器，指的是我们在改善中实际应用到的改善技术和操作工具，比如单件流、布局优化、PQ-PR 分析、拉动、看板、SMED（快速换模）、TPM、产线平衡、ECRS、Poka-Yoke、标准作业、A3 报告等一系列的改善手法。

很多人不太注重精益的工具方法，特别是，越往高层的人，越喜欢谈道，或者是谈思想和理念。并不是说思想理念不重要，但现实的问题是，我们中国企业的管理层，总觉得这些工具方法，不是高大上的东西，应该是下面的人去做，作为领导，把握好方向就好了，没必要过多参与到工具的应用中。结果往往是，职位越往上面，工具方面的技能越弱。

也许有人会问，企业的高层，或者老板，只要懂经营就好了，需要了解这些技术层面的东西吗？这些工具方法应该是工程师们去做的事情。

抱有这类思维的人，可能本身就不曾掌握这些管理技术的精髓，没有认识到应用这些技术对企业管理提升的必要性和重要性。关于这方面的论述，可参考本书的【成功因子-13】。

我常常说，简单的技术用到极致，你就是专家。精益改善，不必舍近求远去学习其他各种各样的工具方法，扎扎实实地把精益的每一个工具方法用好，做专做精,就够了。

五、精益三环:术

大部分从事精益改善的人,首先学习到和应用到的一般都是精益的器。但我们在应用精益改善的各种器的时候,必须要把器转化成一种"术"。

精益的"术",是指精益的模式、套路、打法。还是以武术为例,不管你用什么样的武器或者手法,最终能够得以传承的还是靠一种套路和打法,比如太极拳、武当派、峨眉派、少林派等,只有这些有逻辑关系的标准套路和打法,才能形成可传承和复制的武术模式。在改善的世界里,只有把精益和IE的各种改善工具和方法,转化成一种有逻辑关系的系统流程和标准套路,才能建立一种可复制的模式并沉淀为企业可持续的系统和文化。

精益的各种改善工具和手法之间,在逻辑上是如何串联的呢?

在JIT单元线的改善任务中,需要应用到的改善手法PQ分析、PR分析、产品族定义、时间测量、节拍设计、人员组合、产线平衡等工具,它们之间的应用是有很强的逻辑关系的。也许有人会跳过或省略其中的某一个工具,也能达到目的,但这种没有逻辑的实践是缺乏科学性的。如果缺乏科学的逻辑,那些工具就如同没有组织的散兵游勇,最终形成不了可持续的战斗力。

在精益改善的系统中,我们需要一种组织形式,把这些看似不相关的工具方法以某一种逻辑关系串联起来,形成一种系统的套路和打法,才能被团队复制和推广,最终形成适合企业的改善模式,当改善模式形成一种稳定的日常工作,也就自然地沉淀为企业的一种文化了。

可以毫不客气地说:没有套路的盲目实践就是瞎整。

必须打造一种适合企业的改善组织模式。一般来讲,改善组织模式有自主改善、专业改善、系统改善的和突破改善四种。

※ 第一种是自主改善。以基层员工为主体,自发组织团队来完成。基层管理者成为改善的骨干,中层管理者和相关专业技术人员起支持和教练作用。一般来讲,这种改善为"点式"改善,涉及范围窄,容易解决。采用的改善工具一般为简易PDCA或5Why,完成周期为3周之内。这种改善占数目的80%以上,是持续改善活动成果的重要表现形式。

※ 第二种是专业改善。以专业技术人员为主体。中层管理人员为主导,组织团体来完成。这种改善多数也为"点式"改善,但涉及范围较宽,具有一定业务深度;也可以是"线式"改善,但涉及的流程较简单。采用的改善工具一般为QC改善流程,完成周期一般为3个月之内。这种改善一般占总改善课题数目的15%左右,起着承上启下的作用。

※ 第三种是系统改善。以专业改善人员(如黑带)为主体。高层管理者为

主导,组织强有力的团队来完成。通常为"线式"改善,涉及的流程较为复杂,或涉及的业务难度较大。采用的改善工具一般为 DMAIC,完成周期一般为三个月到半年。这种改善一般占总改善课题数目的 5% 左右,相应的投入较高。成功后,相应的回报也很高,对公司的长远发展有着重要影响。

※ 第四种是突破改善。又称改善周,是利用精益西格玛和 IE 改善技术,结合 PDCA、DMAIC 改善流程,对特定或选定的目标或任务创建和实施快速的、可行的方案并达成改善目标。通过改善周创建一种成功的模式,再由点到面推广应用。一次标准改善活动一般在 1 周内完成,故而又称改善周。关于改善周,可以参考本人所著的《精益改善周实战指南》。

在实践精益的时候,既要注重 IE 和精益工具的"器",也要形成一种系统的工作方法。无器不足以攻坚,无术不足以成势。

六、精益五环:势

精益的"势"是指精益的行为、人才与文化。首先,我们要思考如何使精益成为大家的共同语言;如何把精益的理念、工具和方法,转化成我们日常管理行为。

一个组织里面,当大家都在谈 SMED(快速换模)的时候,它就成为一种企业的文化,制造部门的人关注设备或产线的换产流程优化,辅助部门的人关注提供快速的支持来提高切换效率,大家每天都在关注切换时间、切换效率、切换损失。然后,不仅仅是有模具的地方需要快速换模,把这个理念和方法延伸到其他任何需要进行工作切换的环节,并且形成各种报表、分析和改善,就转变成了大家的管理行为。

一个企业里面,当大家都参与到点点滴滴改善的时候,它就成为一种全员参与的改善文化,不仅仅是制造部门,包括人事、采购、财务等所有的部门,不仅是制造系统有浪费,所有的部门和流程都有浪费,每个部门和组织,都来关注各个流程中的浪费并努力消除它。

精益之势,需要与另外四环相结合。

企业在推进精益的过程中,需要从道、法、术、器、势五个环节来系统展开各项工作。如果能在精益五环中找到适合企业的成功因子,那么,你的精益之路,将会是非常乐观的。

【成功因子-30】
离开价值流的改善如同没有方向的奔跑

成功因子　价值流是一个动态的改善循环,价值流描绘了企业未来的蓝图,看懂了价值流,就看懂了企业的未来。沿着这条主线,人们就可以帮助企业制订清晰的战略规划和阶段性行动计划。它是企业的航标,是改善的方向。

一、看懂了价值流，就看懂了企业的未来

越来越多的企业走上精益之路，在这条路上，很多人在询问，我们为什么要做精益，我们在工厂做过一系列的改善活动，比如 5S、TPM、设备产能提升、人员效率提升等，做了一系列的改善活动，那么企业是不是就精益了呢？有没有一个好的衡量方式呢？

精益这条路很漫长，我们可能要经历很多挫折，我们可能会面临很多问题，甚至有人会丧失信心，那么，如果在这个过程中，有这么一条主线来牵引我们前进的话，这条路可能会走得更顺利，这条主线是什么呢？

它就是价值流。

价值流是把材料或信息转化成客户需要的产品或服务的全过程，包括加工流、物料流和信息流。我们绘制一幅现状的整体价值流图，可以直观看出流程中的浪费情形，设计未来的理想价值流程图可显示期望实现的未来远景，有助于识别出价值流中最能减少浪费的机会，借助它你可以找到最明显的未来 3~5 年甚至 5~10 年精益价值流改善的方向和步骤，并制订消除浪费的计划，精益价值流分析是所有企业展开精益之旅的必由之路。

我经常跟企业说：我来你们企业诊断的时候，并不是来寻找问题的，在我的脑海中，我对任何企业的运作，有一个理想的蓝图，企业的现状跟蓝图之间的距离，就是你们工厂的改善空间。只要我们一直沿着价值流的方向前进，持续改善，你的企业就能达到理想的状态，实现精益化的工厂。

二、离开价值流的改善如同没有方向的奔跑

价值流是如何指导我们持续改善的呢？

首先，我们来看看如何评价一个流程的高效程度（或者说精益性）。

举个例子，我们来分析一下看病的整个流程。

你要去医院看病，早上 8 点从家里出发，9 点到医院，然后，排队，挂号，交费，再排队，等待，11 点，轮到你了，医生看了 5 分钟，说：去拍个片子。接下来，又是排队、交费、排队、拍片子，等你拿到片子，已经是下午 2 点，医生看了 3 分钟，开药方。然后，还是排队、交费、拿药……最后回到家，下午 4 点。

在这个全过程中，我们总共花了几个小时呢？从早上 8 点到下午 4 点，8 小时，这就是看病的总周期时间，其中，有价值的时间是多少呢？只有医生最后诊断开药的 5 分钟，3 分钟除以 8 小时，1%，就是我们所说的增值比——VA%。

同样的原理，我们把它用到工厂里面也是一样的。我们的产品从原材料到成品的生产过程当中，如果生产周期要用到 20 天，但是我们真正有价值的时间

可能只有10分钟。那么就可以算出来你们工厂的增值比。

这个增值价值比是越高越好，还是越低越好呢？

大部分人都能理解，增值价值比是越高越好，增值价值比越高，意味着流程效率越高。我们在做精益改善的过程当中，就是要不断地去提高增值价值比。

当然，有人会问，这个VA%到底多少是合适呢？不同的行业有不同的数值。有一些公司本来就是流程比较短，周期比也比较短的，VA%也就比较高。中国大部分企业VA%其实都不高，在百分之零点几左右是很正常的。

好了，我们再来思考一个问题，如果现在我们来要提高VA%的话，应该从哪里来下手呢？

改善分子还是分母？显然，分子很难改。那精益的方法呢？是从分母来改善，通过消除浪费，缩短周期时间，有大量的机会和改善空间。

现在我们知道，去医院看病，可以提前在线预约，在线缴费，医生开药方的同时，将信息传递至药房……整个流程的周期可以大幅缩短，VA%自然就提升了。

这就是价值流分析的原点和终点，也就是从整个价值流的角度，来指导我们去梳理全流程的浪费和改善机会。

三、价值流帮助我们打开浪费的黑箱子

没有高度，就没有广度。

没有广度，也难有深度！

当我们一个人站在树林里面的时候，我们的视野很小，我们能看到的，只是一根根树干，而看不到森林的全貌。

在工厂里面也是一样，当我们仅仅关注局部的工序或工位时，比如冲压工序、打螺钉岗位等，那我们往往只看到工序中的物料、动作和设备方面的微观问题，却看不到上下游之间关联的更大的宏观浪费。

当我们把自己的视觉往上抬，你会看到树叶和天空，进一步提高我们的高度，就会看到整个森林。

价值流也是一样，它需要我们站在更高的高度和更广的角度，把所有加工流、信息流和物料流，从宏观的层面串联起来系统性地分析，你会发现更大的改善空间和机会。

相当于站在1万米的高空来看我们的工厂，在最中心也是最底层的是部门级和工序级的流程，大部分IE或精益工程师，最初关注也就是这些工序级的机会，但随着改善的深入和拓展，我们要一步一步把自己的视觉往上提，从工序级或部门级的范畴，提高到工厂级或公司级，再到集团级，甚至客户和供应链。

举一个真实的例子，空调里面一个重要部件——电动机。现在，电动机部

件和空调整机都是分别由独立的工厂负责生产。电动机流总装流水线的员工把一个螺母和垫片装上去，整个组装的操作过程，大家会看到有动作浪费，比如，需要对中，左右手配合不均，特别是左手扶住产品，是明显的浪费，还有，左手大部分时间都拿着一个工具，然后又交给右手……，其实所有的这些浪费，都是比较微观层面的浪费。

那好，我们再来到空调整机工厂，来看看总装线的情况。总装线安装风扇叶片的员工，首先要把螺母和垫片取下来，然后套上风扇的叶片，然后再把垫片和螺母装上去，拧紧。

如果独立去观察和分析的话，感觉都是非常正常的作业过程。但是呢，如果大家把电动机和空调两个生产流程串联起来，大家能识别到一个明显的浪费了吧？电动机工厂把螺母装上去，总装又把螺母拆下来！这是多么明显的浪费！大家知道吗？电动机总装线有 18 条，每条线 1 个人，早晚班共 36 个人。

然而，如果我们独立看，不容易看到这个宏观机会，但如果把上下游价值链串起来，站在 1 万米高空来分析，你就会识别到这些更大的浪费和改善机会。

这就是价值流改善的基本思维！

四、VSM（价值流图）分析应用的误区

如何进行价值流分析呢？我们最常用的工具就是 VSM。

VSM 大家好理解，是英文 Value Stream Mapping 的缩写。

首先要精准地定义产品或服务的价值，然后，我们要识别出产品和服务转化的过程中，哪些活动是有价值的，哪些是没有价值的。不管是那些有价值，还是没有价值的活动，这些活动是否流动起来？接下来用一种图示的方式把它们表达出来。这就是最初 VSM 的解释。用一种手工的方式，把价值流动的过程，用图示的方式表达出来。

然而，很多人都知道价值流，知道 VSM 的用途，但是很多人，从事精益 IE 改善很多年，对价值流的应用却仅仅是停留在绘制企业的现状价值流图，对价值流工具的后续应用并没有展开。

有些人学习过 VSM，但并没有真正绘制过 VSM。

有些人绘制过现状 VSM，但并没有进一步设计未来 VSM。

有些人绘制过理想 VSM，但感觉价值流分析不够彻底，未来价值流的设计也不够理想。

总之，很多人对 VSM 的认知是不够系统和清晰的。

有人过于简单地把价值流图当成是一张静态的图，因为 VSM 价值流图的最后一个字是 Mapping（图），所以，很多人就简单地把它就当是一张图来处理，这真是一个莫大的误解。

事实上，如果我们只是画这么一张现状 VSM 的话，没有后续的持续改进，它就是一张图，没有太多意义。那价值流正确的认知呢，它是一个动态的改善循环。

第一步是 VSM 绘制现状价值流图。

第二步是 VSA 深入分析价值流的浪费和改善机会。

第三步是 VSD 设计未来或理想的价值流图，这个蓝图，正是指引企业持续改善的主线和方向。

第四步是 VSP 价值流计划，在前面分析价值流的基础上，对照理想的价值流和现状图，制定阶段性的价值流行动计划。

第五步是 VSE 价值流行动计划的执行和管理，然后，再回到新的现状价值流图，进行下一个价值流改善循环，这是一个动态的持续改善过程。

价值流图不仅仅是一张图，也不仅仅是通过价值流图提出几个问题就结束了，它是有一套完整的逻辑，系统全面的梳理企业内部整个流程。

有了现状 VSM，设计了 3~5 年或 5~10 年甚至更远的 VSM，那么，5 年以后，或者 8 年以后，企业理想中应该是什么样子的呢？VSD 价值流设计的蓝图则非常清晰地回答了这个问题。这个蓝图，帮助企业制定战略规划和阶段性的行动计划。

这就是为什么说，**看懂了价值流图，就看懂了企业的未来**。

它是企业的航标，是改善的方向。

第 7 篇

关于意识意志

【成功因子-31】
要共识，不要事实

成功因子

摆事实，表面上看，是想讲道理，而本质上，不过是说明理由而已。以为自己在讲道理，但事实上却是在维护现状，这本质上就是一种狗鱼综合征。不妨淡化事实，强化共识！我们需要改善的共识，方案的共识，行动的共识，而不是拘泥于过去的事实中，影响达成共识的效率。

一、一次难受的头脑风暴

某次,在一家企业开展改善周活动分析浪费的时候,我提出一个改善的建议,没想到,团队中的几位车间主任提出了很多问题,他们不断地陈述一些顾虑和实际的困难。在他们看来,现实问题的客观存在是一个事实,目前的做法是符合现状的。

随后,团队通过对现场浪费的观察,识别出大量的改善建议。但是,当团队针对改善建议进行头脑风暴逐一讨论的时候,相关的经理和主任总是向大家澄清现实情况,解释为什么目前采取这种作业方式。特别是当有些提议可能没有充分考虑周全时,他们摆出了很多事实,证明新的想法考虑不周全,是不合理的或者是不可行的。

当然,这些经理或主任本意上并不是反对改善,他们也想变革,更不想把自己变成阻碍变革的人。但是,在沟通的过程中,他们的思维模式,习惯于陈述理由,摆事实。但是,当他们在陈述理由和事实的时候,却没有意识到,在旁人听来,他们就是在解释目前做法的合理性,或者是补充一些事实来证明改善建议考虑还不周全或新的做法不现实。他们虽然没有直接否定,但通过摆事实,也就是在变相地否定新做法的可行性。在这种沟通的氛围之下,很多改善建议都是不了了之。

二、是陈述事实,还是承认现状?

后来,我单独跟这些管理者进行沟通,他们不断跟我强调说:"余老师,我们并不是反对改善,我们只是想把事实说清楚……"

我说:"为什么要说事实呢?我们要的是共识,不是事实!"

陈述事实,难道有错吗?

当大家都在摆事实的时候,能有共识吗?就像两夫妻争吵,双方都摆出大量的事实,双方都只关注自己认为的事实,结果是谁都不能接受对方的事实,这样的争吵根本就不可能有好的结果。

我们不妨淡化事实,强化共识。

事实代表过去,共识代表未来。

换句话说,存在的事实就是合理的吗?

不一定!

在本书的【成功因子-24】中提到,从精益的角度来说,所有存在的事物都是不合理的。从改善的思维来看,所有事物都存在改善的空间。改善的思想就是不断追求更合理、更完美的状态,现在的所有事物,都只是基于过去的原因、过去的条件而存在的,从今天和明天的改善视觉来看,它们的存在是不合理的,是需要改善的。

如果我们一直强调当前事物存在的理由和事实，其实就是在承认当前状态的合理性，是一种保守的思维模式。

三、需要解决问题的共识，而不是陈述事实

改善和创新，就是在一定程度上否定现状，寻找更好的做法。

现实合不合理只是一个方面，关键是要达成改善的共识。然后，怎么改，技术上怎么实现，我们要进一步探讨改善方案。

方案是否最完美也只是一个方面，关键是对改善行动达成共识。然后，就是把共识转化成大家实实在在的改善行动！这才是关键。

所以，在改善的过程中，过分关注事实，某种程度上并不是最好的一种思维模式和表达方式。

摆事实，表面上看，是想讲道理，而本质上，不过是说明理由而已。以为自己在讲道理，事实上却是在维护现状。

没有改善共识的摆事实，本质上，就是一种狗鱼综合征。

我们不妨淡化事实，强化共识！我们需要改善的共识，方案的共识，行动的共识！而不是拘泥于过去的事实中，影响达成共识的效率！

【成功因子-32】
先相信再看到，还是先看到再相信

成功因子

相信精益是好东西上，相信持续的精益改善对企业的流程变革和人才培育有好处，那么，马上就开始实践它，过程中可能顺利，也可能有挫折，但始终相信精益，相信它的好处，坚持不懈地探索精益，实践精益，最后，会收获精益的实实在在的好处，正所谓"相信就会看到"。

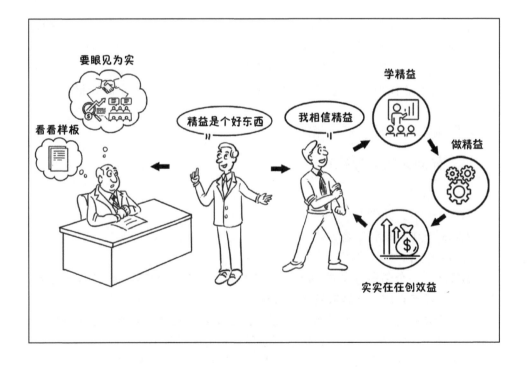

一、你相信精益吗？

有人跟你说，精益是一个好东西，它能给企业带来巨大的变革好处，你信还是不信？

第一种人是先看到再相信，你说精益是好东西，能不能先让我看看好在哪里？有没有其他企业或同行成功的实例？有没有成功的样板给我看看？能不能先试一下是否真的像你说的那么好？说得再好，不如眼见为实。只要我看到了精益实实在在的好处，我自然会相信它，并且实践它！

第二种人是先相信再看到，我相信精益是好东西，我相信持续的精益改善对企业的流程变革和人才培育有好处，那么，我马上就开始实践它，过程中可能顺利，也可能有挫折，有赞许，也有嘲讽，但我始终相信精益，相信它的好处，我坚持不懈地探索精益，实践精益，最后，我会收获精益的实实在在的好处。

第一种做法，属于事实推动，是典型的现实主义，你可能损失不大，但收获也甚微，即使成功，也是落在别人后面。

第二种做法，属于信念拉动，有点理想主义的味道，可能在别人还没有看到好处，或者还没有实践之前，他就率先实践，并且持续不懈，最有可能成功。

不同的思维，结果往往大相径庭。

二、先知先觉者会赢

我们时常说：

先知先觉者，是创业者；

先知后觉者，是打工者；

后知后觉者，是消费者。

事实上，一个新鲜事物刚刚开始萌芽之时，我们是很难看到它的好处的，甚至可能并不存在成功实践或者成功样板。

换一个角度说，如果真的等你看到了这个事物的好处，这个机会可能已经不再属于你了。即使启动实践，你已经落后于其他先行者了。

当年，互联网刚刚兴起的时候，有几个人能相信它有今天的巨变？

当年，电子商务刚刚兴起的时候，有几个人能相信它能成为消费的主流？

当年，选择先相信再看到的人，我不用说出名字，你都能想到是哪些人。

先看到好处再去相信，有时候，这个好处，当它还在萌芽中的时候，你常常是体会不到的。

三、春天的演化过程

这就好比春天的演化过程。

当你听到"春天"这个词的时候,头脑当中马上会呈现出一幅美好的景象,春光明媚,鸟语花香,这就是我们能感性获知和看到的春天的美好。然而,春天实际上是一个动态的、复杂的演化过程。

在立春的时候,可以说是完全感受不到春天的。好多时候,立春是在春节之前,你回忆一下,每年我们过春节的时候,你感受到了春天没有?北方的朋友会觉得极其寒冷,那完全是冬天的感觉。

但是,虽然你感受不到春天,但事实上从冬至开始,春天已经慢慢走来了,因为太阳的直射光线已经从南回归线往北移了。这个从理论上说,北半球的温暖和光明正在增加,但你实际的感受还是刺骨严寒。

立春之后是雨水,一冬无雨,这个时候下了一点点小雨,但是你仍然感受不到春天。然后是惊蛰,人们更感受不到,潜伏在地底下的那些昆虫开始惊醒了,但并没有在地面上跑。一直到春分的时候,你才感受到了一点春天的气息,昼夜平分,天气确实是暖和了,草色遥看近却无。

但是,我们常常会把春天的后半段,尤其是最后阶段的景象来代表整个春天,草长莺飞,百花盛开,它只是春天最后的一个阶段。它并不代表春天,顶多只能代表春天的 1/6。但是,我们常常用这个只代表 1/6 的状态来描述整个春天。

你看,如果我们只是用春天后半段所呈现出来的美,来支持我们做行动决策的话,实际上已经远远滞后了。

四、相信就会看到

而相信的力量,则恰恰体现于此。信念和演化能够同向和同步前进,那么,自然就会获得丰硕的成果。

精益,正如此春天的演化过程。刚开始的时候,你可能都感受不到它带来的明显的财务变化。但是,随着不同阶段的逐步演化,精益会在各个领域、各个平台、各个思维等方面给企业带来系统的变化。

人们相信精益,实践精益,传递精益,用精益的共同语言去交流,用日复一日的持续改善推动点点滴滴的进步,并最终体现到企业的效率和效益,体现到企业体质的改善和业务的增长,并最终体现到公司的财务报表。

相信就会看到,不相信的话,看到了也不一定有用。

【成功因子-33】
做到多少分你会把精益停下来

成功因子　别动不动就把精益停下来，建立一种文明需要漫长的时间，而毁灭一种秩序和文明，却在一夜之间即可完成。如果不想烧钱，请耐心的、扎扎实实地一直坚持下去，也只有坚持，才会看到持续的效果，否则，会变成更大的浪费。

一、项目不等于精益

精益是一个只有开始而没有结束的旅程。

很多企业可能过于简单地,把精益当作是工厂提高生产率的临时的解决方案,但并没有真正理解和认知精益消除浪费持续改善的核心思想,并且把精益纳入企业长久的系统战略和管理行为。

很多企业都以项目的形式来开展改善活动,这本身没问题,项目是有明确的开始和结束时间,评价项目是否成功的标准,是项目最终的输出,是否达到预定的目标。

但项目不等于精益,项目的成或败,并不能代表精益的成功或失败,更不能以项目的成败来决定精益的开始或结束。

本质上,精益是一种知行合一的思想和实践,它的精髓不在于知,而在于行。精益是一种已经被证明行之有效的生产模式,是一种持续改善的思想和实践。

二、什么时候停下来?

我们来思考一个比较现实的问题。

每一次,我在跟企业的老板或精益倡导者进行初步沟通的时候,我都会试探性地抛出一个问题,那就是:

"导入精益,如果你的期望值是100分,最后,达到多少分,你会把精益停下来?"

如果实际达到80分,你会不会把精益停下来?

几乎所有人,都会确定地回答:不会。

那么我继续追问:如果达到60分呢?

这个时候,小部分人会犹豫,大部分人会说继续。

但如果达到50分呢?

那很多人就开始说要暂停了。

如果只达到40分甚至30分呢?

这个时候,绝大部分人都会摇头,认为项目没有达到预期,精益要停下来,或不得不宣告项目的失败或流产。

那好,接下来,我会继续追问,如果你停下来,您最终会得到多少分呢?

毫无疑问,你最终得到的,不是50分、不是40分,也不是30分,而是0分!

三、停下来的伤害

对于精益，停下来，并不是休整，而是对推进精益信念的动摇，对成果的放弃，对实践的中断，最终，会演变成对组织的伤害。

为什么这么讲呢？

原因很简单：

建立一种文明需要漫长的时间，而毁灭一种秩序和文明，却在一夜之间即可完成。

我们从实际案例来说明这个现象。

【场景一】要建立单件流生产方式，创建单件流的过程中，无疑需要克服大量的困难和阻力。但是呢，如果在过程中出现不同声音，你不够坚定，要放弃单件流，结果可想而知，辛辛苦苦建立起来的新产线，可以在一夜之间就退回到最初的原始状态。

【场景二】企业和某精益咨询机构签订了精益合作，以项目的形式开展改善活动。刚开始的时候，大家热情高涨，充满期待。然而，三个月之后，或者在项目实施的中期，公司内部对项目的进度、改善的效果或合作的方式有些质疑，最终，认为项目没有达到预期效果，于是，停下来了，同时，也结束了与该咨询机构的合作。

停止，只需要一句话就可以，但是，对精益项目的放弃和停止，会造成很大损失：

- ❖ 从**成本角度**出发，是前期投入的浪费（人力、物力）。
- ❖ 从**收益角度**出发，是改善成果的退步（可能被打回原形）。
- ❖ 从**组织角度**出发，是推进组织的破坏（组织解散人员流失）。
- ❖ 从**文化角度**出发，是精益信念的坍塌（精益不好玩）。

因为放弃，除了显性的浪费和损失，也会在企业中形成一种对组织的破坏和文化的伤害，导致公司人才的流失，还会形成企业创新与变革的负能量。

而更要命的是，这种负能量是会传染并形成长久的思维定势。当以后公司需要导入类似的管理变革时，大家可能会说，以前不是搞过嘛，失败了嘛。

四、不要停，不要停

所以说，导入精益，我们首先要理解精益的核心思想，坚定精益的信念，锤炼变革的意志，把精益作为企业长久的战略，而不仅仅是临时的解决方案。

有时候真的很痛心，有些企业，精益搞了一年半载就停止或放弃，或者今年请这一家咨询公司，明年请那一家咨询公司，或者年年换新花样，又没有去维持和巩固既得成果……

最后的结果都一个样：搞了相当于没搞，伤了企业，伤了员工。

我常常苦口婆心地跟企业交流说：

"如果你不想烧钱，请您能耐心地、扎扎实实地一直坚持下去，因为那必须成为您的信念，也只有坚持，您才会看到持续的效果，否则，会造成更大的浪费。"

项目波动时，寻找解决方案，问题破了，就势如破竹，但不要停。

思想困惑时，多点交流咨询，方向定了，就心无旁骛，但不要停。

碰到阻力时，需要咬紧牙关，挺过去了，就一片坦途，但不要停。

一言以蔽之，精益变革的未来是光明的，但是道路是曲折的，行进过程切记：不要停，不要停。

要相信相信的力量！

要相信坚持的效果！

【成功因子-34】
所有卓越的背后，都是苦行僧般的精益自律

> **成功因子**　自律是精益路上的保镖。所有的精益变革，所有的精益成果，都是日复一日对精益要素的理解、精益标准的执行、精益行为的自律和精益信念的坚守。越努力，越幸运；越自律，越优秀。

一、自律是一种修行

自律是一种至高境界的修行。知行合一,不为外界因素所影响。

精益的企业,是可怕的;而自律的精益行为,是可敬的。

如果是合作伙伴,你要跟他学会精益;如果是竞争对手,你要做好足够的心理准备。

每一个不自律的行为,都会给精益带来更大的破坏。不要做散漫的奴隶,自律可以令精益活得更高效。

精益的自律,不是放纵随意,不是无所不为,而是自律之后的舒畅,是有所为,有所不为!

有所为,为什么?为持续的精益改善。

有所不为,不为什么?不为偏离精益原则与控制要求。

二、精益为什么要自律?

我们去参观丰田,我们去学习丰田,我们去羡慕丰田。但很多时候,我们只看到了优秀的精益企业优秀的样子,却往往忽略了他们在长达半个世纪中为了实现精益付出了近乎自虐般的努力。

一个自律到骨子里的人,看上去大多是无趣的。

一个精益到灵魂的企业,学习他们的自律何难。

一个洗手间的清洁工,不管是否有人盯着,是否有人复查,都在老老实实地按标准要素执行清洁作业。

一个工序的组装工,每一次加工之前,不忘一丝不苟地检查前工序的加工质量或是否有错漏。

一个企业的管理人员,不管听到什么样的不同声音,他依旧能坚定地相信精益,实践精益……

组装线的工人,每一次拿取,都认真地把工具精准地放置到正确的位置。

现场的班组长,每一个小时,准确地把小时产量及时地更新到节拍看板上。

上下工序的员工,每一次操作,把产品交给下工序之前都记得检查一遍。

设备的使用者,每一天下班前,都老老实实按照设备点检要求把设备认认真真维护好。

…………

这样的行为,不仅看起来无趣,甚至感觉有些机械,工作起来一点都不自由不方便。

但真实情况是，自律的结果比不自律的结果要自由得多。

你不把物料放置到位，别人就要花时间整理或寻找。

你不及时去更新看板，管理者就要花更多时间去获取数据和信息。

你不在组装后做自检，有可能你漏装了零件导致后续的返修。

你不做好设备的点检，设备可能因没有润滑油而发生故障。

············

如此这般的种种不自律行为，看似是自由，看似是方便，但你会发现越来越没有自由，甚至都没有了选择的资本。

不能准时交货以获得更多订单。

不能按时下班，也不能周末休息。

不能有更好的报酬来改善生活。

约束出效率，越自律，越有话语权，精益亦如此。

从来就没有舒舒服服的精益之路，从来也没有轻轻松松的精益改善成果，从来没有听说过自由的精益。

一天两天看不出来，一个月两个月也许还是看不出来，但是一年两年，甚至十年二十年，自律和不自律终将使企业走上截然不同的道路。

越是自律，越是明白精益的方向，不会把时间和精力白白浪费在无意义的方便和自由上，而是利用碎片化时间在自律行为中实践精益。

越是自律，越是明白精益的精髓，明白什么是真正的改善，领悟精益改善的灵魂，将精益的要求转化成企业的管理行为。

付出和回报是成正比的，量变积累到一定程度才可能促成质变。

精益，不仅仅是一些大的改变，还包括成千上万的自律。

自律不是万能的，但不自律是绝对没有精益的。

三、所有优秀的背后，都有苦行僧般的自律

说要自律的人很多，可坚持自律的人很少。

就像爬一座险峻的高山，越临近山顶，能够咬牙坚持往前走的人越少。

好的坚持，本身就是一种自律。

精益的自律，难的不是一时，而是自律的坚持力！

日本作家村上春树从30岁开始写作，至今已接近40个年头，创作出了大量的作品，经典又高产。村上春树写作有个习惯，他每天只写4000字，400字一页的纸，每天写到10页就停下来。另外，他每天都会拿出一个小时出来跑步，雷打不动，正是这种高度自律，让他有精力能够持续创作出优秀的作品。

商业大佬们的自律性更是可怕，李嘉诚那么成功的人士，依旧坚持每天晚

饭后看英文电视，不仅看，还跟着大声说出来，怕自己落伍；每天临睡前坚持看书阅读。

精益亦如此。

所有的精益变革，所有的精益成果，都是日复一日对精益要素的理解，对精益标准的执行，对精益行为的自律和对精益信念的坚守。

丰田的快速换模，不是一天练成的，而是基于对实现快速切换的理念自律、对切换作业标准的执行自律与十几年的持续深入的改善自律。

作为管理者，一天深入现场容易，难的是每天坚持到现场，发现问题不放过，找不到解决方案不放过，问题不解决不放过。

创建单件流不难，难的是每时每刻、一日复一日对单件流的自虐般的坚守，特别是当有异常发生的时候，碰到困难的时候，很多人就坚持不住了。

尝试精益的企业不少，为何那么多失败？关键还是精益自律行为的深度、高度和长度的问题，乃至常常是稍稍遇到一些挫折就打退堂鼓。

不是精益了才自律，而是你自律了，才会变得精益。而那些自律的行为、自律的人、自律的企业，终将不被辜负。

四、越自律，越优秀

所有的懒惰、放纵、自制力不足，根源都在于认知能力受限。

越自律，越实践，认知能力越强，精益企业和不精益企业的差距，就是这样逐渐拉开的。

你在自律的管理行为中，会进一步理解精益的要素，并能巩固改善成果，继续持续改进。

5S 整理整顿，行为越自律，认知越好，成长越快。

TPM 自主保养，点检越自律，越了解设备，越快解决隐患。

……

一种自律的行为中，藏着无限的精益改善空间。而自律的程度，则决定着精益的高度。

每个企业都有权利选择怎样活着，有人认为精益辛苦，不如苟且度日，没有问题。

但我想说，自律成就精益，而精益的企业会活得更加美好，因为当企业知道自己想要去哪儿并且全力以赴奔跑的时候，全世界都会为你让路。

真正能够实现精益的企业，永远是那些心无旁骛，坚持着往前走的企业。精益没有近路可走，你自律往前走的每一步，都是有价值的。

越努力，越幸运
越自律，越优秀
越是精益的企业
越是努力地精益
从不敢有丝毫怠慢

【成功因子-35】
知行合一，专注产生爆发力

成功因子　任何事情就怕认真二字，专注隐藏着一种巨大的能量！只有足够专注，才可能心无旁骛、厚积薄发。知行合一。专注产生爆发力！这是精益变革成功不可或缺的因子。

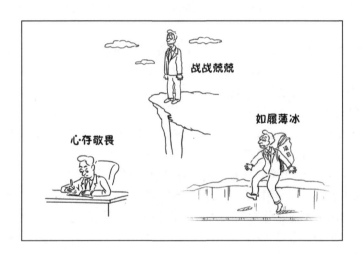

一、越专注，越敬畏

我的座右铭是"知行合一，专注产生爆发力"。

刚刚进入咨询行业的时候，听到有人称我精益"专家"，那时心里特别发虚。一方面，专家专家，不就是大家调侃的"砖家"嘛，总带有点那个意思。另一方面，内心来讲，自己也不太好意思说自己是个专家。

但是，过了这么多年后，我现在倒是可以非常坦然地跟大家讲，我就是精益专家！是什么专家呢？是一个**"专门折腾精益改善的家伙"**，简称"专家"。

没错，我就是一个专门折腾精益改善的家伙。现在的我，除了精益之外，好像都不太会干其他事情了。自从 2003 年接触精益开始，我已经在精益这条道上实践了 20 年了，随着精益实践的持续深入，感觉精益的世界越来越显现出它的魅力。

刚开始做精益的时候，真有点"盲人摸象"的感觉，先是从解决痛点问题的关键工具开始应用，比如创建 OPF 单件流、5S、目视化、SMED（快速换模）。那个时候，以为这就是精益的全貌了。

随着实践的展开，精益工具应用在深度和广度方面进一步拓展，然后发现，这匹"精益大象"是一个庞大的、复杂的、逻辑化的系统集成。问题的解决，也是从点到线再到面的系统解决方案。

精益这东西，越做越有感觉，越理解越有意思。

在我从事精益十几年中，第一个五年搞明白了 JIT（准时化），第二个五年搞明白了 JIDOKA（自働化），第三个五年才搞明白均衡化，而最近五年，才对三化融合（准时化+自働化+均衡化）的系统改善有了深刻的实践和认知。

从事精益实践的最初十年，像大部分精益人士一样，如果谈起均衡化生产，就会有这样最直接的认知逻辑和解决思路。

问：均衡化生产有什么变化呢？

答：均衡化生产意味着不同的产品交替生产（大家都听过丰田流水线上的汽车交替着生产）。

问：如何才能实现均衡化生产呢？

答：不同产品交替生产意味着更多的产品切换。

问：实现均衡化生产的方法是什么呢？

答：解决产品切换的方法是实施 SMED（快速换模）。

均衡化生产会带来产品切换，解决产品切换的方法是快速换模。这是大部分初期接触精益的人的思维。

但是，这么多年来，特别是 2015 年之后，随着我在企业中深入的系统改善，随着我对均衡化生产更多的成功实践，我对均衡化生产的认知和心得完全不一样了。现在，我可能会明确地告诉大家：均衡化生产不一定会带来更多的产品切换！

均衡化生产不是简简单单地交替生产，而是整个系统的均衡化改善，包括生产模式、产线布局、节拍设计、生产计划、型谱匹配、拉动生产、超市运作等多方面的系统性运作，而这种系统性改善的结果，反而会减少产品切换的频率和难度。这是一个系统性工程，绝对不是一个简单的交叉生产的问题。

精益就是这么一个有意思的系统，由浅至深，越学越精，越做越能发现其中的奥妙，越是专注，越是敬畏。就像一个人学习数学，当你刚刚学会 1+1=2 的时候，你感觉数学非常简单，当你学习到高等数学……这个时候，你感到数学是非常深奥！

二、知行合一

精益的本质不仅仅在于知，还在于行。

知，其本质也不仅仅在于认知，还在于良知。

2009 年底进入精益职业咨询，这么多年以来，可以用三个词来描述内心的感觉：

战战兢兢
如履薄冰
心存敬畏

为什么战战兢兢？——是对客户的战战兢兢！

曾经听一位管理大师说过：适当的紧张才能做好工作。

确实如此，如果紧张感都消失了，结果自然是平淡的。就好像情侣或夫妻之间，如果双方之间任何时候都没有紧张感了，会怎么样呢？

一方生病了，另一方不紧张也不关心；

一方半夜没回家，另一方不紧张也不担心；

一方的生日要到了，另一方不紧张也不去操心；

一方心情不好，另一方不紧张也觉得无所谓。

…………

这样的情况演化下去会怎么样呢？我想大家都能想象到。

为什么会这样呢？就是缺乏紧张感！因为你对另一方不紧张，所以呢，就不会有正确的想法和行为。

为什么恋爱的时候，想要追求一个人时候，大家会挖空心思去做很多让对方满意的事呢？因为紧张啊，因为如果你不做好，可能会失去对方。

为什么如履薄冰？——是对项目的如履薄冰！

每一次接到客户的项目，内心并不是接到订单后的喜悦或庆祝，而更多的是几分紧张。

我自己内心非常清楚，客户把项目交给你，是对你的信任，甚至，在某种程度上讲，客户的某些关键负责人，他们把自己的"职业生涯"都托付给你了。

项目做好了，大家受益，项目做不好，可能他的职业发展都受到影响，这是一种高于项目本身的托付。

为什么心存敬畏？——是对技术的心存敬畏！

精益的技术，要在实践中应用，而精益的思维，要在实践中不断提炼和总结。离开实践的精益思想是空中楼阁，而没有理念指导的实践也如同没有方向的奔跑。

即使，精益的原则和套路都是相通的，创建单件流的工具方法，实施SMED（快速换模）的步骤，导入TPM的基本流程……这些基本原则和套路都是一致的，大家都比较理解。

但是呢，这远远不够，因为，每一家工厂的解决方案都是定制化的！即使同一个行业的两家企业，也存在着大量的差异化条件，没有太多可以直接套用的东西，每一个项目都是新的挑战。

但是，要想把精益的思想和技术转化成客户端有效的变革成果，单纯靠精益技术并不足够，更需要一种良知，一种对精益的职业和专业，对工作的负责和敬业。

因为清楚托付的责任，所以战战兢兢。

因为担心项目做不好，所以如履薄冰。

因为定制化解决方案，所以心存敬畏。

知行合一，既是一种行为，也是坚定的初心。

三、专注产生爆发力

早在2007年的时候，被带着去听一个直销产品的讲座。对这个讲座，心里本来就有所抗拒，在三个多小时的听讲过程中，完全是昏昏欲睡，但是，后来有一位嘉宾的分享让我记住了一句话。

这位嘉宾是一个比较成功的销售，她说，只有专注才能产生爆发力！本来她是一个老师，一开始是兼职做产品销售，但做不好，后来干脆就辞掉了教师的工作，专职做产品，很快就找到了感觉，并且成功地做到了金字塔的上层。

专注产生爆发力！

我在昏昏欲睡中听到这句话，非常有同感。而这句话，在我后来多年的职业发展和精益实践过程中，始终指引着自己前进的方向和实践的重点。也正是因为自己心无杂念地专注精益，才使自己在精益这个领域的实践中获得了自己的成长和收获！

在 2003 年，公司要推行精益，美国总部就要求中国工厂挑选一位最强势的人出来推进这项工作，于是，当时负责生产的我就被选出来了。

刚开始，我还是兼职的，同时负责生产和精益。推行一段时间后，感觉推进工作不太顺畅，自己既要站在生产的角度，又要站在精益的角度，而思维主要还是生产的思维，精力分配也重点放在传统的生产工作上，所以关注点还是以生产管理为主，精益自然就像一件可有可无的之事。

后来，在集团总部的要求下，我就完全从生产管理的工作中剥离出来，专职做精益的推进工作。这下可好，分散精力的杂事没有了，更重要的是，精益推进的效果，变成了我唯一的工作指标和绩效评价，那我就必须要把精益做好才行。

从此开始了我专注精益的历程。而后来证明，确实只有专注才能把精益的事情做好。因为专注，我们会一门心思地把精益的知识理解透彻；因为专注，我们才有足够的精力去解决精益过程的问题；因为专注，我们才有更多的创新性想法和思路。

很快，我们企业的精益进展就取得了爆发性的效果。短短一年之内，我们工厂就成为全球所有事业部中表现最好的工厂！

当我还在企业的时候，就有一些企业不断地请我帮他们做精益改善，后来，我发现，兼职做，精力不够，效果并不好。于是，在 2009 年底，我正式迈入职业咨询行业，开始专注做职业的精益咨询。

到现在为止，我已经专注精益近 20 年了。这么多年间，我一直在自己工作的企业和辅导的众多客户企业中持续地倡导并实践精益，特别是改善周模式。改善周，已经成为我个人特有的职业标签；从 2003 年开始，我组织和参与了大大小小 400 多个改善周！

现实中，因为专注而成功的案例数不胜数。但反过来，因为缺乏专注，最终失败的案例，更是不计其数。

企业推行精益，也同样需要专注。那么，企业需要什么样的专注呢？

❖ 需要企业有稳定的精益战略，而不是朝令夕改。
❖ 需要高层持续的关注精益，而不是漠不关心。
❖ 需要大家多一些单纯的心，而不是整天疑神疑鬼。
❖ 需要企业有稳定的推进组织，而不是时有时无，建了拆，拆了又建。
❖ 需要有一批专职的精益专员，而不是不痛不痒地兼职了事。
❖ 需要日复一日年复一年的坚持，而不是做做停停。
❖ 需要一种嵌入企业内核的持续改善文化，而不仅仅是蜻蜓点水。

…………

吸引力法则告诉我们：当思想为某事或某物而集中的时候，同这件事或这个物品相关的人、事、物就会被吸引在一起。换句话说，当你专注一件事物的时候，与这个事情相关的人、事、物和资源，就会被你吸引过来。

只有当你足够专注，你才可能变得专业。

只有当你足够专注，你才可能投入精力。

只有当你足够专注，你才可能吸引资源。

只有当你足够专注，你才可能厚积薄发。

相信精益，心无旁骛。

思维简单一点，行为专注一点，意志坚定一点，足矣！

第 8 篇

关于企业组织

【成功因子-36】
稳定专职的组织胜于任何咨询机构

> **成功因子**　有咨询机构和精益顾问并不是万能的,但没有稳定专职的组织却是万万不能的。要把精益事业当作企业长久的战略,把精益组织当成企业不动产财富。稳定专职的组织架构胜于任何咨询机构。

一、不稳定的破坏是巨大的

精益推进,一个稳定专职的组织架构太重要了。毫不夸张地说,稳定专职的精益组织胜过任何咨询机构。

作为职业咨询顾问,这么说好像有点革自己命的味道,但在现实中,确实如此。

首先是稳定。

然后是专职。

稳定两字,说起来简单,操作起来却并不容易。一个稳定的精益组织,对精益的推行效果是非常关键的。

我来举几个典型的实际例子。

【案例一】某家电行业龙头企业精益组织波动的损失。

某家电行业的龙头企业,在2009年至2014年之间,精益IE的组织是稳定的,那个时候,伴随着外部顾问的辅导,整个精益团队的改善能力和精益技能快速成长。

到了2013年的时候,一般水平比较弱的二线或三线精益顾问都已经很难胜任该企业的辅导了,因为其内部的精益水平已经大幅提高了。

但在2015年之后,企业不知是什么样的原因,把精益IE的组织职能和团队人员分解到了其他各个部门,相当于把精益IE部门取消了。在随后的几年,我们的精益辅导工作自然也停滞下来了。

2018年,本人重新进入该企业辅导。那时,我才吃惊地发现,之前用几年培育起来的团队,大部分已经走光了。现在的精益IE团队,基本上都是没什么经验的新人,比起2014年巅峰时期的团队,几乎是一夜之间回到了原始状态。

虽然,企业的精益工作并没有停滞,但是,精益人才却寥寥无几,精益水平更是断崖式地下降了。更可怕的是,这几年间,竞争对手的精益却开展得如火如荼,以前积累的精益优势早已今非昔比!

【案例二】某新能源企业精益组织波动的损失。

某新能源领域的企业,前两年我们给他们辅导精益,公司已经有了精益推进办,但是呢,受组织架构调整的影响,在短短一年左右的时间,精益办的专员基本上全部更新了,新补充的专员,在精益方面基本是新手,除了在精益方面的认知较浅之外,他们对之前精益办所做的系统性工作,均不太了解。

后来,我们重启精益项目,其中有一项工作是精益评价体系。他们当中有一个人,不经意间提到,之前公司好像有做过类似的评价系统。然后,找了半天,终于把这个系统找出来了。我一看,从心底尊敬之前的精益团队,这个评价体系,事实上,对该企业来讲,已经是非常完善的了!

但是,后面的团队没有传承到,甚至连部门的总监都不知道有这么一回事。

所以,没有稳定的组织,精益的成果又怎么传承呢?

类似的案例还有很多。因为精益推进组织的不稳定,导致精益水平的大幅退步,使精益的标准化流程得不到持续监管或横向推广,造成精益的运营体系无法进一步执行下去。

精益的战略规划和推进计划也没有去做。

已经培养出来的精益骨干也大量流失。

精益的改善成果快速倒退回之前的状态。

…………

创建一个文明需要漫长的时间，而毁灭一个文明却可以在一夜之间完成。所以说，不稳定的破坏是巨大的。

我们从实际生产举例，我们要建立单件流生产方式，创建单件流需要克服巨大的困难。如果在过程中有不同的声音出现，你不够坚定，要放弃单件流的话，你可以在很短的时间内退回以前的做法。更加严重的是，你的放弃和停止，会在企业中形成一种对组织的破坏和文化的伤害，形成企业创新与变革的负能量。而更要命的是，这种负能量会传染并形成长久的思维定势。当以后公司需要导入类似的管理变革时，大家可能会说，以前搞过，失败了。

所以说，导入精益，必须坚定精益的信念，把精益作为企业长久的事业，而不仅仅是临时的解决方案，以为精益是一种招之即来，挥之即去的运动。**把精益组织当成企业长期的不动产财富，稳定就是力量。**

二、专职的威力是巨大的

我们再来谈谈专职。

精益办的人员，一定要专职吗？我的经验是肯定的。

有人会认为，在丰田，根本就没有专职的精益推进办或精益专员，精益是每个部门或组织自然的工作行为。丰田全员参与改善的境界，对中国企业来讲，完全是两码事。

丰田不需要专职部门和专职人员，中国企业却必须有专职部门和专职人员！丰田的改善体系经过了几十年培育了，而中国企业的基础相比而言要弱很多，人员的稳定性也不一样。

一个人在专职与兼职之间，他的重点工作，肯定是放在他的关键考核指标中，精益作为锦上添花的事，可有可无，可做可不能，多做少做差不多，那能做好吗？

大家有没有留意过一个现象：同样是一个人，当他在精益办担任专职的精益经理，专门负责推进精益变革的时候，他会非常激进地解决各种问题和障碍。但是，一旦把他的职位转成生产经理，会是什么样的结果呢？

你会发现他会屈服于生产中的各种问题或异常，为了解决紧迫的交期，为了解决客户的投诉，为了解决员工的矛盾……，而把精益的工作暂时放一边，有的时候不惜牺牲精益的原则来暂时保全生产的指标，这似乎也情有可原……

如果他是专职做精益呢？他的所有工作和绩效，必须从精益工作中去获得，当然要努力去精益。

所谓专注产生爆发力，也只有专注，才能把事情做好。

三、稳定专职的作用是无穷的

稳定是基本保障。

专职是专业前提。

一个稳定专职的组织架构，胜于任何咨询机构。

早在十几年前我还在外企上班的时候，我就感受到了这个稳定专职的威力。当时我在一家美资企业。对于美国企业大家可能有所了解，特别喜欢在经营条件变化的时候扩编或裁员，基本上每隔两三年就会来一次，经营好时扩编，经营差时裁员。但是，不管怎么调整组织，不管如何裁员，有一个部门，就是精益推进办，是始终雷打不动的。这个稳定专职的组织，在多年的稳态下，确保了精益变革的延续性。

有咨询机构和精益顾问并不一定是万能的，但是，没有稳定专职的组织却是万万不能的。不要以为请了咨询机构，请了精益顾问，就什么问题都搞定了，缺少了稳定专职的组织架构保障，请再多的顾问，也很难真正转化成企业内部的人才和体系。

当然，有稳定专职的组织架构，并不是要取代咨询顾问的作用，而是放大咨询顾问的效果。

因为有了稳定的精益推进组织，精益的效益是非常显著的：

有利于稳定地推进体系建设和人才培育。

有利于更好地维护和扩大前期改善的成果。

有利于技术转化并形成适合企业的精益模式。

有利于把众多的改善成果转化成公司的效益。

有利于降低外部顾问的投入成本，以较少的咨询投入获取较大的成果。

有利于对外特别是供应链系统输出精益思想。

…………

【成功因子-37】
改变的难与不难

——由猩猩吃香蕉试验谈精益的变革与执行

> **成功因子**　要么不改变，要么随意改变，两者都有可能使精益之路半途而废！难于改变让改善无法进行下去，随意改变让改善无法沉淀下来。大胆尝试，不要让传统的经验约束了新的尝试。也要做好传承，不要让随意的改变毁掉了改善成果。

一、一个关于猩猩吃香蕉的试验

做一个改变难吗?

说难还真难,"难于改变"让人费尽心机,让改善无法进行下去。

说简单也简单,"随意改变"让人烦躁不已,让改善无法沉淀下来。

要么不改变,要么随意改变!

几乎所有的企业在推行精益生产的时候都会碰到这样的问题,尤其在推行初期,难于改变和随意改变的问题,都有可能使精益之路半途而废!

一个关于猩猩吃香蕉的试验则很好地揭示了问题的真谛,为精益的推行者和执行者提供一个思维的突破认知模板。

试验的过程如下:

试验准备:准备一个大笼子,在笼子顶部安装喷淋装置,在笼子的顶端同时悬挂一只香蕉,再安放一架梯子通向香蕉,然后在笼子里放进四只猩猩。

试验阶段一:猩猩 A 第一个发现香蕉,它开始向香蕉走去,当它的手触摸到梯子的时候,实验操作人员立刻把笼子顶端的喷淋装置打开,笼子内顿时下起了"倾盆大雨",猩猩 A 立即收回双手遮住脑袋,其余三只也匆忙用双手遮雨,猩猩 A 的手离开梯子时,喷淋装置关闭。"雨过天晴",猩猩 A 又开始准备爬梯子去够香蕉,当它的手再次触摸到梯子时,又开启了喷淋装置,众猩猩又慌忙用双手遮雨,等猩猩的手再次离开梯子时,喷淋再次关闭。猩猩 A 似乎领悟到被雨淋和香蕉之间的模糊关系,终于放弃取得香蕉的念头。

过了一段时间,猩猩 B 准备试一试,它走到梯子跟前,当手碰到梯子时,喷淋开启,大家慌忙避雨,此时手离开了梯子,关闭了喷淋装置。最后猩猩 B 也放弃了拿香蕉的念头,匆忙逃回到笼子的边上。又过了一阵儿,猩猩 C 准备试试它的运气,当它向梯子走去的时候,另外三只猩猩担心地望着它的背影,尤其是猩猩 A 和猩猩 B,当然,猩猩 C 也不能逃过厄运,它在瓢泼大雨中狼狈地逃回到伙伴当中。

饥饿折磨着猩猩,猩猩 D 虽然看到了三只猩猩的遭遇,但仍旧怀着一点儿侥幸心理向梯子走去,它也许在想:"我去拿可能不会像那三个倒霉蛋那样点儿背吧?",当它快要碰到梯子时,试验操作人员正准备打开喷淋装置,没想到另外三只猩猩飞快地冲上去把猩猩 D 拖了回来,然后一顿暴打,把可怜的猩猩 D 仅存的一点儿信心也从脑子里打了出来。

现在,四只猩猩老老实实地待在笼子的边上,眼巴巴而又惶恐不安地望着四周。

试验阶段二:试验人员把猩猩 A 放出来,然后放进猩猩 E,这只新来的猩猩看到了香蕉,高高兴兴地向梯子走去,结果被猩猩 B、C、D 拖回来一顿猛揍。

猩猩 E 对挨揍的原因不大明白，所以在攒足了劲儿后，又向梯子走去，它想吃那只香蕉，同样的结果，三只猩猩又把它教训了一顿，虽然还是不明白为什么挨揍，但它现在明白了那只香蕉是不能去拿的。

试验人员又把猩猩 B 放出来，再放进猩猩 F，在动物本能的驱使下，猩猩 F 准备去拿香蕉。当它的手快要碰到梯子时，另外三只猩猩迅速地把它拖了回来，然后一顿暴打，猩猩 C 和猩猩 D 知道它们为什么要打这只猩猩。然而，猩猩 E 却不太明白它为什么要揍猩猩 F，但是它觉得它必须得揍它，因为当初别的猩猩也这么打过它，揍猩猩 F 肯定有它的道理。

现在猩猩 F 也老实了，试验人员把猩猩 C 和猩猩 D 也相继放出来，换进新的猩猩，顺理成章，它们也被拳打脚踢地上了几"课"。

等四位"元老"都被换走之后，结果这四只新的猩猩还是一样，老老实实地待在笼子的另一端，眼巴巴而又惶恐不安地望着香蕉。

猩猩试验向我们形象地展示了组织内文化延续与执行、积极改变与尝试的内涵。

二、改变太难的文化基因

为什么改变那么难呢？这常常跟企业的文化基因有关。

试验的初始阶段，猩猩们在并不预知风险的情况下不停地尝试，就像很多企业刚刚建立的时候大胆地尝试一些新的方法，然而，当碰到一些阻力后就开始放弃了，失败的尝试同时固化成组织内成员后不再尝试的经验。

事实上，到了后来，最初尝试过程中碰到的困难在后来已经不复存在（试验人员关闭了水龙头）。但是，猩猩们传统的经验已经约束了它们再次进行新的尝试，即使障碍早已消除，

更糟糕的是这种拒绝改变和尝试的思维影响了后来加入的成员，后面新加入的成员，也得到了这个不真实的"经验"，这种不真实的"经验"又会一代一代地往下传递，于是，僵化的思维和文化就这样形成了！

企业中我们推行精益生产时经常碰到的情况何尝不是如此呢？

很多时候，障碍本身并不真正存在，影响我们改变和尝试的只是那些已经固化的思维与经验，在企业经历过的丰富经验不仅仅制约着自己去积极改变和勇敢尝试，同时影响了其他人积极的尝试和努力。

在推进精益的时候，碰到一个很有意思的案例。

在一次改善活动中对某产品系列进行流线化布局，在布局产品 A 的时候，该产品的作业指导书要求先测高压再测低压，当生产线布局好后运行另一种产品 B 时，产品 B 的作业指导书却要求先测低压再测高压，这相反的作业顺序给布局排拉、产线管理、WIP（在制品）控制、人员管理带来很多的不便。

于是我就问相关的人为什么产品 A 先高后低而产品 B 却先低后高，结果从操作员至生产主管和产品工程师，没有一个能回答为什么。因为以前的经验一直都是这么做的，然后我问产品工程师能否查一下产品设计文件是否有这方面的规定，开始时产品工程师坚持说不用看，肯定的是有规定的。

在我的一再要求下工程师同意查阅产品设计说明书，最后查阅的结果让工程师也觉得惊讶，因为产品设计文件根本就没有要求测高低压的顺序，再顺着查产品的工艺流程图时发现，在流程图中，只识别了"测耐压一"和"测耐压二"，结果在作业指导书中有些产品把"测耐压一"安排成高压，而有些作业指导书把"测耐压一"安排成低压！

问题很快就解决了。

阻碍很多时候并不真正存在，影响我们改善的只是我们是否有改变的意识和积极的尝试。

这种现象很常见，要改变一些人的思维、方法乃至企业的文化非常困难，我们不难发现，很多时候，在一个企业工作越久的人越难接受精益生产的方法和理念，他们已经形成了某种固定的方法和思维，过去累积的经验一方面帮助他们快速地解决一些问题，另一方面又约束了他们对新鲜事物的接受和尝试。

面对新的改善提案或改善建议，很容易得到"不行，这个方法很久以前我们已经试过了"的回答。而很多时候，更要命的是，这些经验却并非他们曾经的亲自尝试和验证，他们也只是从旁人或前人那边听说而已，然后再转化成自己的经验，更糟糕的是这些所谓的经验丰富者往往拘泥于过去的经验就拒绝再次尝试。精益生产推进人不得不花大量的精力去克服这些人的意识和思维方面的阻力问题，因此常常会听到精益生产推进人关于"推行精益太难"的抱怨。

三、随意改变也是一个灾难

然而，相比于难于改变，另一个问题是改变的随意性。

要么很难改变！

要么随意改变！

该改变时很难改，该僵化执行的又随意改变。

实施了一个改善，创建了一种模式，刚开始还能按照要求执行，但过两星期，一旦没人监督时，就变了样走回老路，或者换了员工就无法持续执行，几条相同的生产线却每条线做法都不同……每次看都有不同做法，发现一次、培训一次、纠正一次，好了一段时间，只要一放松就又变了样。

明明规定流动批量为每次 10 个，实际却常常是 15 个或 20 个，甚至是更大批量的搬运。

设计好传递员每 15 分钟循环一次，有些水蜘蛛却偏爱 30 分钟或者随意循环,甚至是提前一个班次或提前一天……

改变的随意性的直接后果就是精益生产的方法和理念无法有效实施,精益生产的好处更体现不出来。

于是,时间一长,对精益生产的抱怨与不满由推行者蔓延至管理层和员工,推行者抱怨说改变难执行,员工抱怨精益生产的方法不好执行,管理层抱怨精益生产的效益看不到……

四、组织文化的传承

猩猩吃香蕉试验的另一个正面启示就是一个组织内的文化延续和有效执行。

精益生产是对传统生产方式的一种变革,作为一种全新的生产模式和管理理念,它在推行的时候面临着许多的困难,尤其在推进的初始阶段,人们对改变现状的惰性和阻力让精益生产变革变得寸步难行,而好不容易改变下来的成果又往往得不到有效的执行和坚持,难于改变与随意改变常常让精益生产推行者深感疲惫与无奈。

在由不同的猩猩组成的团队中,则很好地完成了信息的传递,并确保组织内的每一个成员都能很快形成共识并且很好地执行组织的要求。如同企业文化一样,不管人员怎样变化,都要使组织的任务能够准确地传达给每一个成员并被有效地执行。

精益生产推行过程中,无论是改革的先行者,还是后来被要求执行的人,首要的是巩固改善成果,而不是随意改变,更不能随意改回以前的做法。实施一个改善,巩固一个改善,由点到面,由浅入深,才能让企业和员工得到精益生产的效益! 这也就是精益改善过程中不可缺少的标准化作业,这种传承和执行,恰恰又是我们改善所必需的。如果缺乏良好的沟通与执行,精益生产最终也只能是开花不结果的浪费。

强调积极的改变与有效的执行并不矛盾,有改变的意识和积极的尝试,才能充分地享受精益生产变革所带来的快乐;而对改善的成果,需要有效地执行加以巩固。

大胆尝试,不要让传统的经验约束了新的尝试。

做好传承,不要让随意的改变毁掉了改善成果。

敢于创新,不断改善并巩固成果,实现精益持续改善的PDCA循环——这是精益的必经之路!

【成功因子-38】
"全员参与"可能是一个伪命题

成功因子：推行精益时谈全员参与可能是一个伪命题！基于企业员工高流动状况，在中层骨干或工程师们尚未成长为精益改善的专家之前，不妨先从非全员参与开始。先打造精英或专家改善能力，建立专业改善的系统，逐步到全员参与。把全员参与视为精益的战略目标，而不是实施路径上的关键。

一、全员参与不等于工人参与

谈到企业推行精益生产，很多人，包括高层管理、精益骨干、顾问老师等，都会把全员参与摆在精益路上的至高位置。

把全员参与作为目标没有错，可是，一谈全员参与，大家往往首先想到的是全体工人参与。

企业的高层管理者不断地倡导说，推行精益，全体员工要行动起来，去发现改善机会和消除浪费，只有全员参与进来了，才能确保精益成功。

企业的精益骨干或推进负责人说，要发动员工参与，建立全员参与改善的工作流程和制度，组织员工提交合理化建议，推动各项提案改善活动。

精益的咨询顾问们，特别是一些有日本或韩国（以三星为主）背景的咨询顾问，则大力地向企业的高层管理描绘全员参与的美好蓝图，特别是提到日本的丰田、理光，韩国的三星等企业的员工提案数量和改善效果时，管理层无一不激情澎湃，对发动全员参与带来的美好充满期待和憧憬！

结果，一提到要推进全员参与的改善，大家的逻辑往往是：

总经理组织经理们说，要推动全员参与。

经理组织主管们说，要推动全员参与。

主管组织班组长们说，要推动全员参与。

班组长开会时跟员工说，大家要参与改善，多提合理化建议。

这种层层下放的结果是，"全员参与"演变成了"工人参与"（我暂且把它称之为"全工参与"）。

然而，我个人却坚定地认为，在中国大部分企业推行精益时谈"全员参与"可能是一个伪命题！

二、中国企业不具备全员参与的基础条件

之所以说大部分中国企业不具备全员参与的基础条件，有以下三方面的因素。

其一，全员参与的文化需要员工团队相对稳定的环境，大部分中国企业并不具备全员参与的基础条件。

不容忽略的事实是，在丰田、理光、三星之类的日、韩系企业，员工是非常稳定的终身制，而中国的情况恰恰相反，员工流失率每月10%以上是一种常态！

在员工流动如此频繁的企业，员工是一边来一边走，好不容易把员工培训到位，过一段时间这个员工又离开了，要想把精益知识和技能在广大的员工层面巩固和传承下来是不太现实的。

频繁的流动导致员工对企业的归属感和改善意识是非常淡薄的，大部分对参与改善的积极性不高。

缺乏全员参与的技能、意识和动力，全员参与的改善活动只能是一厢情愿的事情，甚至为了一厢情愿的全员参与，制定很多的制度，反而带来许多抵触的行为，适得其反。

面对这种现状，与其花大力气去组织海市蜃楼般的全员参与，不如更多去关注如何在员工高流动性的情况下如何把精益的理念和方法应用好。

关于精益生产如何应对中国高员工流失的话题，可以参考本人的专著《高员工流失率下的精益生产》一书。

其二，全员参与离不开专业的技术支持。

在我国大部分企业中，连中高层本身（包括高管、经理、工程师、主管等）都还不精通和了解精益，也许听过，也许培训过，但基本上是一知半解，并没有深入的精益理念和工具的实践经验和操作能力，此时谈全员参与，要发动基层员工在内的人参与进来，强调合理化建议或提案改善文化，简直是一个笑话！

曾经听一位精益界资深顾问老师的演讲，谈到如何激发员工参与时的一个例子。某个企业，被世界500强的客户评价说员工没有Mindset（意识）。企业管理者无法理解客户所说的"没有Mindset"为何意，于是寻求咨询顾问支持。顾问到了现场后，从$y=f(x)$的基本思路，引导员工理解各工序流程的输出目标（y），认知为达到目标y而需要的影响因子（x），以及x如何影响y的逻辑关系，识别各因子的控制方法和异常管理。经过这么梳理后，员工的现场管理意识得到明显的提高，大量的改善提案得以实施，使客户非常满意。

这个案例非常成功。然而，如果我们高层管理只看到最终全员参与的合理化建议和提案改善数量而沾沾自喜时，请冷静下来思考一下，最终呈现的美好结果是得益于全员参与吗？显然不是，如果企业里面找不到那个精通$y=f(x)$问题解决思维的专家，何以激发后面的全员参与？

我国企业工厂经理、主管或工程师是否精通精益的改善技术？比如JIT、Kanban、拉动、节拍、七大浪费、JIDOKA、Poka-Yoke、SMED、TPM、OEE、Sigma、MSA、FMEA、VSM……

如果企业的中层管理者不掌握这些技术，不具备正确的问题分析思路，仅仅凭一些全员参与的口号或制度，能实现全员参与吗？

其三，过分地强调全员参与是高层的偷懒行为。

当咨询顾问向高层们介绍全员参与的重要性，描绘全员参与的氛围和文化的美好时，非常能博得高层的认可和欢心，因为它吻合了高层内心的偷懒意识，基本上，所有高层都认为下面的员工应该行动起来参与改善。

鼓励全员参与本身没有错，但是在实际推行的过程中，却往往成了"下层参与"或"工人参与",基层员工在被推动合理化建议或提案改善时,却发现"上层"并没有一起参与进来,高层要求全员参与,基层盼望上层参与,久而久之,全员参与逐渐形成抵触情绪,反而伤害了企业的改善氛围。

三、不妨先从"半员参与"做起

所以,在中国的企业,现阶段过多地强调全员参与根本是一个不可能的伪命题。

现实一点的做法是从"半员参与"做起,不仅仅是 IE 或精益部门,而是从每个部门的中层骨干、主管、工程师开始,不仅仅是中层的一小部分,而且是由一小部分人逐渐到中层的大部分人。**与其虚假地宣传全员参与的美好和感动,不如先让中层骨干或工程师踏踏实实地参与、组织和倡导改善,先把这批人训练成精益方面的专家。**

了解欧美优秀企业的人往往都有此认知,在欧美的企业中推进精益改善的过程中,较少把重心放在推动全员参与的,而首先是把中层的骨干或工程师们训练成精益改善的专家,特点是稳定的 IE 或精益组织部门,由这些专家策划、组织和实施系统性专业改善。

在**中层骨干和工程师们成为精益改善的专家之前,所谓的全员参与是很多非专业人员参与,虽然也能产生一些合理化建议或提案改善,然而任何没有专业指导的改善活动,最终都是无法持久的。**

只有把中层骨干或工程师训练成精通改善技能的专家,才能做出专业的、系统的改善,才能有效地指导员工改善,才能通过众多专业的改善带动全员的改善技能。

日本精益企业倡导的全员参与改善文化,与欧美企业倡导的精英专业改善体系在改善思路和落脚点方面有所不同,要结合我国具体国情和企业特征,打造属于我们的独特改善文化。

基于中国企业目前的高流动率,在企业中层骨干或工程师们尚未成长为精益改善的专家之前,不妨先从半员参与开始。先打造精英或专家改善能力,建立专业改善的系统,逐步到半员参与,把全员参与视为精益的战略目标,而不是实施路径上的关键。

【成功因子-39】
管理就是管反复，反复管

成功因子　管理者的基本职责就是管理那些反复出现的同样或类似的问题。但是，作为管理者，除了反复管之外，更要学会如何管反复。管反复的核心价值和目标在于让反复少发生甚至不发生，并且能消除问题发生的根源！

一、改善效果到底跑哪去了？

某一次在企业辅导的时候，跟公司的管理团队交流，大家谈到一些关于管理方面的痛点和令人困惑的问题。

其中一位管理人员说："余老师，我们工厂管理有时候真是很令人头痛，很多问题都是反复出现，我们总是在做一些重复性的管理工作，很烦。"

事实上，肯定不仅仅他一个人有这样的烦恼。我想，应该所有的管理者都会碰到类似的困惑。

我回答他说："没错，这就是管理的职责和价值。管理，就是要反复管，管反复！"

二、反复管是管理的基本职责

同样的问题每天、每周、每月、每年反反复复出现。作为管理者，就是要反反复复地管理这些反复出现的问题。

反复管，是管理者的基本职责。

每天都有上班和下班，都会有员工迟到、早退，或者缺勤、请假；每周都有周末休息和放假，要重复做计划排程、生产安排和工作计划；每月都有各种各样的总结和汇报，有些指标正常，有些指标没完成；每年年底的时候都有大量员工离职，年初的时候又会大量招聘新人。

在人机料法环的五大要素中，每时每刻、每天每周、每年每月可能都在发生异常和偏差，而其中很多问题都是重复出现，比如作业标准执行不到位、物料短缺、设备故障、品质异常、气候变化（台风）等。而作为管理者，我们的基本职责之一就是反复地去处理这些反复出现的问题。

三、管好反复是管理者的价值所在

作为管理者，除了反复管之外，更加要学会如何管反复。

面对反复出现的问题，如果只是被动地应对，每次都是手足无措，或是像面对新问题一样，显然不是好的管理，也不是一个好的管理者。

怎么回事呢？就是前面的经验没有总结、积累和传承，对反复出现的问题缺乏预见性的管理。每次问题来了，都像碰到新问题一样，没有任何快速响应或采取成熟的应对措施。比如，明明知道春节前员工离职可能比较多，没有采取一些应对措施，明明知道春节后的新员工会比较多，品质风险比较大，也没有制定有针对性的控制措施。

或者管理者只是日复一日、年复一年地采用老套的方法去处理同样的问题，没有创新和深入改善，结果就是问题出现的频率和影响的程度都没有得到改善，甚至越来越差，这也不是管理者应该有的价值。

管理的价值体现在三方面，一是维持，二是改善，三是创新。

管反复的核心价值就在于让反复不发生。

四、管反复的五层境界

管反复的境界可以分为五层。

第一层：萃取有效的经验和办法，可以高效处置反复出现的问题。

第二层：不断优化管理行为，去控制和降低反复的影响程度。

第三层：系统性地持续改进，去降低出现反复的频率。

第四层：开发创新性的变革突破，根除反复出现的问题。

第五层：创建一种管理模式，打造全员消除反复的改善文化。

所以，碰到反复，我们不要烦，有效处置它，是管理的基本职责；管理反复，我们不手软，积极改善它，是管理的核心价值。平庸的管理者，对反复视而不见；合格的管理者，懂得总结经验，方法传承；优秀的管理者，关注于通过改善来减少反复；卓越的管理者，能够创新突破，根除反复。

【成功因子-40】
坚决打好精益 IE 组织保卫战

成功因子　精益 IE 部门时有时无，精益 IE 人员漂来漂去，此等常态要不得！如何打赢精益/IE 组织保卫战？有必要从流程建设的角度，让流程需要你，从流程上来保障组织的存在，而不是单纯依靠领导一时的偏好。

一、你愿意把孩子送去 IE 吗？

从事精益这么年多，对精益/IE 的价值认知也是越来越清晰，我们的企业，对精益改善和 IE 的需求也越来越迫切。

但是如果你要问我：愿不愿意以后让我的孩子去读 IE 专业，然后，再从事 IE 的工作？

在这一刻，总体上我是持保守态度的。

读 IE 专业可以，但毕业后，尽量不要从事 IE 工作；从事 IE 工作可以，但尽量不要进入 IE 部门；进入 IE 部门可以，但一定要找机会转到其他稳定的职能部门去。

我这么说，大家可能会不理解，一个天天喊着要精益改善，处处倡导 IE 应用的人，却不愿意让自己的孩子去读这个热门的专业，或者长期从事这方面的工作。就像一个天天喊喝茶有利健康人的，自己却不喝茶，有点说不过去，还真有点讽刺啊。

二、你公司的 IE 部门是不是可有可无？

原因很简单：IE 人的职业命运太苦了！

为什么这么讲呢？因为大部分企业连一个稳定的 IE 部或精益办都没有。

IE 部或精益办在有些企业似乎是一个可有可无的部门，不像其他常规部门，是企业必须设置的，比如生产部、品质部、设备部、HR、财务部等部门。

你可能会说，我企业就有啊，很多企业也有啊。

没错，很多企业，在某一个时段，可能有 IE 部门或者精益办，但是这个部门并不稳定，它的设置或取消完全取决于在任的某些领导的喜好或某一时期的特殊需求。

今天，工厂的老总是 IE 或精益出身的，设置了这个面向改善的专职部门。明天，换了一个老总，认为设置这么一个部门有点浪费了，于是就取消了。

今天，企业要推进精益，请了顾问机构，设置了 IE 部或精益办来对接工作。明天，项目做完了，这个部门随之解散了。

今天，公司运营比较好，规划了精益/IE 的编制。明天，公司运营状态变差了，这个部门就变成了首先要砍掉的成本……

总之，IE 或精益部门，经常是处于一种可有可无的尴尬状态。

每一次组织的调整或取消，精益/IE 部门的人往往首当其冲，灰溜溜地被分流或精减，一个努力为企业精益的组织，到头来把自己精益了。

我曾经不止一次地经历这种困境，不管是大企业，还是中小企业，大多如此。

即使是在某家电的龙头企业，年产值达到 1000 多亿元，也在 2015 年的时候，莫名其妙地解散了 IE 部门。该企业本来有一个独立的 IE 部门，作为一级部门统筹工厂的制造变革和精益改善。

但是，后来有人说，这些工作是各个职能部门本来就应该干的事情，IE 部门的独立存在似乎有一点重复。

于是，开始把 IE 部门相关的人员并入其他职能部门。表面上看，是把职能并入了其他部门，实质上，是从组织的设计上把 IE 部门给取消了。

大企业如此，中小企业的命运，就更不可控了。

三、覆巢之下无完卵

组织的调整或取消势必会带来人的流动。

要命的是，似乎有一个非常尴尬的逆向流动，其他部门的人，很容易被安排或调动到精益/IE 部门，似乎谁都可以来这个部门，甚至某些部门不要的人，也随意安插到这个部门。而反过来，从精益/IE 部门出来的人，却不太容易被安排到其他部门。比如，生产主管、工艺工程师等，都可以转身就到精益 IE 部门推动改善，而精益 IE 部门出来的人，却较难被安排去做生产主管或工艺工程师。

精益/IE 人，要么坚守精益改善的领域，当然也常常会受到企业中组织不稳定的影响而不得不被动调整岗位或另找工作；要么接受这种职业通道的无奈，然后，重新找到自己定位和职业通道。

IE 人的命运，有时就在这么一种"居无定所"的漂泊中，找不到职业的方向，而职业的天花板自然也受到了明显约束，不容易看不到更高的职位空间。

正是覆巢之下无完卵，唇亡齿寒。

四、来一场组织保卫战

然而，总不能放任这种"可有可无"吧？

我们必须要来组织保卫的战役！不仅仅是为了自己的职业，也是为了维护变革的成果，为了整个行业乃至整个社会的进步。

精益的动力，IE 的价值，大家是认可的，但为什么会导致这个组织在企业中可有可无呢？

我们来理解一下，为什么会"可有可无"。

有一个非常关键的原因是：企业的流程不需要你！

不是你没有价值，而是企业的流程不需要通过精益/IE 部门；在各种业务流程的设计中，评估不需要你，审核不需要你，批准不需要你。那么，你的作用再大，又如何在流程中体现出来呢？

如果，所有这些和 IE 职能相关的流程，在系统设计上都不用经过精益/IE 部门的话，那么，这个组织好像确实没多少存在感。

从另一个角度想象一下，如果这些流程中无法体现精益/IE 部门的价值，那么，相关部门的人就不会有求于你，只有你求着别人干活的份儿。从精益/IE 部门推动其他部门改善的角度来说，是非常不利的！

所以说，要从流程上来保障存在，而不是单纯靠领导的喜好。

当然，组织存在的价值，最终还是看这个组织是否真正为企业创造价值。就像一个足球队，比赛的时候，如果你不积极跑动，球来了控不住，传球不精准，还经常犯规吃红牌……无论比赛前教练如何设计流程，你最终肯定是球场上一个"可有可无"的人。

让流程创造存在的保障。

让价值创造存在的价值。

这是精益 IE 组织生之根，存之本。

第 9 篇

关于战略规划

【成功因子-41】
再不精益企业就老了

成功因子

再不精益企业就老了！不是指企业的年龄变老，而是指企业的意识、认知、流程、技术与人才，特别是企业改善与创新的体系和文化！如果企业还游离在精益实践之外，那么，可以基本判定：企业正处于改善与创新的老年区！离开了精益的实践，企业在认知上就已经落伍了！

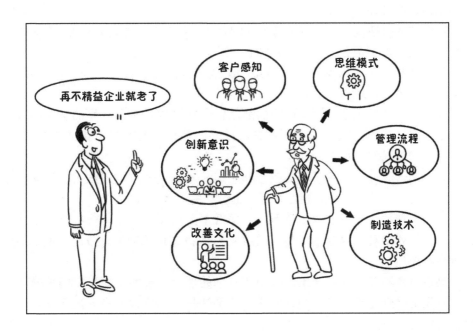

一、企业到底哪里老了？

再不精益企业就老了！

你可能会说，企业怎么会变老呢？

这里说的老，不是指企业的年龄变老，而是指企业的意识、认知、流程、技术、方法与人才，特别是企业改善与创新的体系和文化！

我们去一个企业的时候，可能会说，你这工厂的厂房太老了，你的设备太陈旧了，你的企业历史很老了。但是，真正可怕的，不是厂房老旧、设备陈旧，而是改善与创新意识上的老化。

"如果再不实践精益改善创新，你的企业就要变老了！"这话听起来似乎不太中听，很多人也不一定认同。

那些没有实践过的企业可能会说："精益不是万能的，我的企业没搞过精益，不是也过得好好的吗？"

曾经实践过精益但并没有坚持下来的企业可能会说："精益不就是那么一回事吗？而且，很多企业不是精益失败了吗？"

只有那些许多年来始终相信精益、实践精益，并且获得满满收益的企业，才会深悟其中的道理！

在本书【成功因子-5】中提到的那家曾经在国内排名前三甲的空调品牌企业，如今已经淡出了人们的视野。它的没落，是企业改善与创新文化的缺失，是企业思维模式的老化。

在空调行业过去十多年精益改善和制造技术高速发展的过程中，这家企业是完全封闭的，既没有引入精益顾问，也没有引入相关人才。

生产不精益，制造技术不革新，效率低下。然而，企业往往不是死于效率低下，而是死于对低效麻木所带来的改善与创新文化的缺失，乃至于整个组织系统性的失速！

制造系统不思进取的结果，是制造技术的落后。表面上看是制造技术的落后，本质上是企业改善与创新的缺失。这种缺失，不仅仅是在制造系统，而是整体企业全方位的缺失。

如果企业还游离在精益实践之外，那么，可以断定：企业正处于改善与创新的老年区！离开了精益的实践，企业在认知上就已经落伍了！

二、精益就是现成的成熟出路

"再不疯狂我们就老了"，这话来自多年前的一首歌，说的是青春，然而对企业而言，又何尝不是如此呢？

在这个时代，不进则退，慢进也是退！

常常有朋友、同行及制造业的管理者提出这样疑问：

"国内制造企业是否需要精益生产？""精益生产是否完全适合国内制造企业？""我们企业没做精益不是也经营得挺好吗？""很多企业推行精益都没成功，并且倒退回去了！""精益会不会如同90年代的ISO一样，像一阵风一样？""国内企业更关注的是企业的经营，精益管理对企业而言是否必要？"……

对制造企业来讲，这些问题的答案简直如同问"人为什么要吃饭？"一样。精益是一种系统地识别和消除浪费的理念和方法。请问，哪个组织、哪个流程没有浪费？质疑"是否需要精益"就如同质疑"企业是否需要改善"一样！

中国企业在向工业文明的转变过程中，精益是一条重要的路。毫不夸张地说，今天，乃至未来的10年，在企业核心竞争力打造的过程中，精益是工厂改善的最佳方法论。

随着工业4.0的提出，智能制造、人工智能、精益制造、数字化工厂等先进制造技术正快速在我国的企业得到大量的实践和应用。如果企业在先进制造技术与管理模式的实践道路上如蜗牛般前行，即使在经营收益方面企业获得了不错的成就，但是如果在先进制造应用和改善创新方面稍稍放缓脚步，就会发现，同行对先进制造技术的应用已经远远超过你了！

不进则退，慢进也是退！无论是精益化、自动化、信息化还是智能集成一体化，都在快速地在标杆型企业中得到应用。优秀的企业，从制造业到服务业，无一不在实践着精益管理。

三、越精益，越努力

精益生产是一种用来组织和管理产品开发、作业、供应商和客户关系的业务系统。全世界的优秀制造企业都认可和实践着精益，从日本到美国、到欧洲的企业，都从精益生产获得了丰厚的回报。

我们清楚地看到，**越是精益的企业，越是坚守精益信念，并持续地推进精益改善，不敢有丝毫怠慢**！丰田、博世、通用等精益化程度较高的企业，都极其重视精益的实践？

也许你会问，离开精益就不能改善了吗？企业或工厂如果只靠零散的技术和方法，几年以后，虽然在产能或效率方面会有所提升，却难以打造出一种系统的模式。

而精益本就是一种系统的方法论，沿着精益价值流持续改善与创新，就能看到生产流程或管理体系在未来三到五年或者更久以后能够成为领先同行的卓越生产模式！

再不精益，企业在精益的路上将被远远抛下；企业的改善创新意识将处于危险的老年区；企业先进制造技术与管理的应用将缺少系统动力；企业的组织建设与人才培育体系建设将逐渐落后！

【成功因子-42】
不要在头脑僵化的人身上浪费时间

成功因子　头脑僵化的人员，要么会被自然淘汰，要么会遭到被动淘汰，对拦路虎型的"顽固派"，调整其岗位也好，解聘淘汰也好，一定要果断，优柔寡断的后果，反而会影响变革的速度和效果。

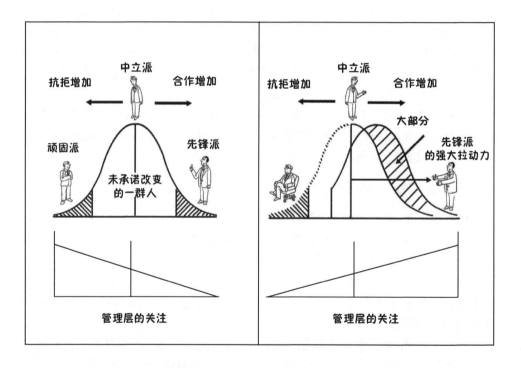

一、不要浪费时间去改变"顽固派"

在变革的过程中,我们可以把企业的人员分成三类。

第一类是先锋派:他们是早期接受精益,并且倡导和主导精益改善的人。

第二类是中间派:他们不反对也不积极,初期以观望为主,根据事情发展来决定自己的判断。

第三类是顽固派:他们本质上是属于头脑僵化的人,无法接受变革,不愿融入变革的趋势中去。

作为领导者或者精益推行负责人,你应该先关注哪种人呢?

有人说关注中间派,因为他们容易搞定。有人说关注顽固派,因为搞定他们就是扫除障碍。

从我的经验出发,在初始阶段,我们应该先重点关注先锋派,做出成功样板区域或灯塔工程,中间派自然就会认可,随着越来越多成功改善的展开,越来越多的中间派就会成为先锋派。

事实上,**我们完全不必过多关注顽固派。对于头脑僵化的顽固派,千万不要在他们身上浪费时间,因为你无论做什么,都很难改变他们,不妨先放一放。最后,大家都在做精益时,顽固派可能就跟不上企业的发展了,要么会被自然淘汰,要么会遭遇被动淘汰。**

二、不要浪费时间去理会僵化行为

大多情况,真正为精益推行造成障碍的,不是一线的工人,也不是最基层的执行者,而往往是中高层管理者。当那些头脑僵化的顽固派成为变革路上的重要障碍时,我们的领导者,更加不要在他们身上浪费时间。

在实际推行精益改善的时候,工人和基层人员常常会积极地配合精益的改善行动,他们绝大多数是最没有阻力的。而往往是企业的中高层管理者不能很好地转变观念,不能配合精益革新的要求,同时又掌握着资源和权力,阻碍精益的推进。

比如,按精益方法建立连续流生产之后,精益企业要求一切资源和服务都应以支持车间和车间的工人为重点,也就是说整个企业要重新设定自己的工作重点,要快速响应现场的异常。一台设备状况不好,必须立即修理;产品零件有问题,设计师就应马上给予解决;组装线上的工人不能停下来找零件,物料和零件应该准确地送到他们手上;如果一个工人改善的好建议,相关的管理人员和工程师就要认真听取,给予答复,并迅速实施;主管的工作不是让工人做什么,这是授权小组的责任,过去的主管现在应该是教练,小组的组长、啦啦队的队长;如果工人发现生产线出现问题,有权力拉响警报(安灯)并停止生产，现在不只是总经理有这样的权力了。

然而此时可能会出现反弹现象，这种反弹现象可能会过一段时间才出现，可能一个星期之后，甚至还有时会在造一条或两条生产线之后才出现反弹。那些头脑僵化的顽固派可以把我们这些问题当作"证据"，来证明这种改革毫无意义。比方说，设备会受到损坏，导致一切都处于停顿状态。而且设备有可能不断地出现问题，库存会出问题的地方不断增加，瓶颈效应也会出现，产量会出现滑坡，或许会大幅下滑。一个问题出现并解决之后，又一个问题会暴露出来。

情况还会怎样发展下去呢？

主管们会说"这样做是不行的。"

设备工程师也会插进来说"我跟你说过，我们的设备达不到要求，精度和稳定性都达不到。"

维修人员也会说："机器一坏就要马上修，那其他机器和事情也不能不管啊。"

那些利益受到影响的人，会找出更多的理由，来证明还是应该按照过去的方式来做。

我们目睹过很多公司，由于财务制度无法与精益相匹配而使改革受阻。而且，更要命的是，这些财务主管会说"如果效率改善了，为什么我们的财务报表上体现不出来呢？"

有些思想比较僵化的中高层管理者，他们并不习惯认可别人的想法和取得的成功，他们或许觉得改革使公司的生产率得到了提高，却没有充分显示出他们所做的贡献。比如你是工艺部门的领导，假如一位做精益改革的人来到公司，通过精益改善，生产率提高 30%。按照公司组织架构的职能划分，增效应该是工艺部门的职责，如今通过精益部门的改善，生产率提高越多，就越意味着过去工艺部门的工作没做好。

他们会做出怎样的反应呢？

除非他们拥有积极心态和宽容大度，否则肯定会消极对待，或者闲言碎语，或观望阻挠。不管怎样，**他们都认为这样的提高只是暂时的，而且可能会找到借口说这样不行，或者说以前都曾经达到过这个水平。**而且他们非常善于破坏已取得的成果，我们在辅导企业的时候，常常看到一些工程师或管理人员把运行成功的精益线拆掉，退回到原来的模式。

无论什么原因或借口，这都是一种退步！针对这些形形色色的僵化思维，千万不要花过多的精力去应对，那样会得不偿失，不妨淡定一些，执行就是。

我很欣赏我们的咨询过的一家内地企业总裁的决心，他对自己的团队说："精益是一个只有开始没有结束的旅程，不可能走回头路，大家理解了就执行，不理解也要执行！"

三、不要浪费时间纠缠僵化的顽固派

事实上，不愿意改革才是你遇到的阻力，更要命的是，这些提出问题的人，常常又是部门的一些主要负责人，他们掌握着公司的资源和权力，如果这些人不愿意，或反对精益的话，精益生产的改革行动是不能得到真正实施的。一旦精益的行动不能尝试和有效执行，改善的效果就无法体现，结果精益改善活动慢慢变成了可做可不做的事情，因为中层管理者会把"没有效果"当成反对的借口。

针对这种成为拦路虎的顽固派，怎么办呢？我们还真不能不理会他，不仅要理，还要快速理，调整岗位也好，解聘淘汰也好，一定要果断，优柔寡断的后果，反而会拖慢变革的速度和效果。

以我亲身推进精益的经验来看，解决这个问题只有一个方法，就是要有一位具有坚强毅力的领导。他会说："**我知道是怎么回事。你们喜欢过去的方法，不想改革。我知道你们要干什么，不过你们还要放弃退回到过去的想法，那是不可能的。不革新，就革命。不极致，就淘汰。所以你们要跟着改革走，否则就自己离开吧。**"

不要在头脑僵化的人身上浪费时间。改革要按照既定的道路达到既定的目标，这是不容讨价还价的。

【成功因子-43】
何必等到老态龙钟的时候再去做精益

成功因子　有病治病，无病强身。企业像人的身体一样，精益就是一种健身运动，没必要等到经营出现异常的时候，或者公司老态龙钟的时候，或者企业制造竞争力比同行低下的时候，再去做健身，而恰恰需要在正常的时候，还在年轻的时候，还没有出现明显痛点的时候，还没到难以动弹的时候，就开始精益，保持精益运动。

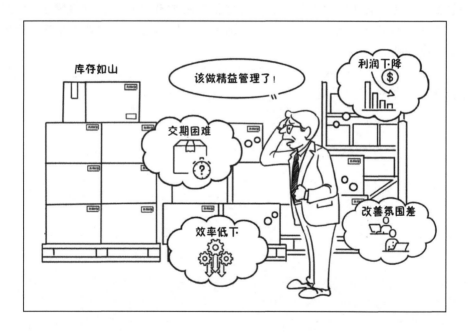

一、早运动早受益

精益如同跑步，先从我个人的跑步经历说起。

2016年开始跑步之前，我根本看不上跑步，那时候看到跑步的人，觉得好无聊，人生那么多精彩好玩的事，那么多有意义有价值的事情，为什么去跑步，这跑步真是无聊透顶。

然而，不经意间，几年来，自己却慢慢喜欢上了跑步。

跑步成为自己的一种习惯和生活方式。不为马拉松，也不为速度，只为自己内心的一种享受。每到一个城市，首先看看当地比较适合跑步的江、河、湖、海或公园，尽可能选择方便的酒店居住。傍晚或清晨，一个人可以随意地享受跑步中旅游的快乐。在跑步的过程中发现城市之美。

跑步，有时候是一个人排解孤独，有时候是内心的释放，有时候是灵魂的升华。跑完了，大汗淋漓，神清气爽，"要好好活下去"的热情充满心间。

有人说，跑步的多巴胺仅次于谈恋爱。

运动隐藏着的能量绝非只是为了身体的美和健康，更是为了制造一种思考的可能和空间。刚开始跑步时，或许是为了获得身体上的好处，慢慢地，在跑步中，发现城市之美，最终得到了精神上的满足和收获。

于是，也开始鼓励更多的人参与跑步，但是，面对一个还完全没有体验过跑步所带来快感的人来说，让其动心是何等困难的事情。

然而，有一个理由，却是很容易让大家达成共识，这就是：

没必要等到老态龙钟的时候再去跳广场舞。

如果，我们终究有一天，运动或者锻炼都要成为自己的日常生活方式，那么，何必等到老态龙钟，肌肉都不听使唤时，才去做呢？如果，老了的时候也终究要去运动，何不在更年轻的时候，就动起来呢？

跑起来，早运动，早受益，常运动，常受益！

二、有病治病无病强身

企业精益变革也是一样。

精益就是一种广场舞。对企业而言，精益如同生活中的广场舞。

什么时候做精益比较合适呢？

我想，什么时候都合适。就像跑步一样，没必要等到企业老态龙钟的时候才想起要精益，那时候，你可能已经错过很多很多了。

有些企业在碰到问题的时候才想到精益，比如交期困难，效率低下，现场失控，改善文化缺失等，精益确实能帮助企业解决这些痛点和难点。但是，如果企业能更早地引入，即使在运行正常的时候，就持续实践精益，会不会变得更加强大呢?

有一次,某企业高管跟我探讨了半天,搞精益价值流改进到底有什么好处?

我说,可以提高生产率。

他说,公司的人力成本压力不大。

我说,可以缩短交期。

他说,现在公司的交货表现非常好。

我说,那就降低库存,提高资金周转率。

他说,我公司现在库存虽然有点高,但是公司的资金不缺,提高库存周转率也没什么特别好处。

……………

说了半天,公司什么都不缺,精益所能带来的好处,似乎都不是公司所紧迫需要的。

最后,我说,如果公司现在一切都正常,那就有病治病,无病强身吧。就像人的身体一样,你很难用数据去测算跑步对身体的改善贡献了多少,但我们非常非常确定的是,适当的运动对身体一定是有好处的。那么,我们去跑就好啦,何必一定要用数据去丈量清楚贡献的大小呢?

作为企业,像一个人一样,精益就是一种健身运动,我们完全没必要等到经营出现异常的时候,或者公司老态龙钟的时候,或者企业制造竞争力比同行低下的时候,再去做健身,而恰恰需要我们在正常的时候,还在年轻的时候,还没有出现明显痛点的时候,还不至于老态龙钟难于动弹的时候,就开始精益,保持精益运动。

三、越精益越强大

而一旦你的企业走向精益之中,你就会收获到精益跑步的快感和愉悦。

你会发现,持续跑步的人,跑步速度和身体机能会越来越好,到后来,人家都追不上你了。

而持续精益的企业,你的流程会越来越精益,效率会越来越高,企业的整个系统全面优化,到后来,同行都只能仰望你了。

跑步过程中,有时候特别想停下来,咬咬牙克服过去,越跑越有劲。

做精益,做到一年半载,也许效果一般,也许有些困惑,特想放弃,想想办法,克服过去,越做越有感觉!

精益三年,专治各种不爽,比如现场混乱、效率低下。

精益五年,专治疑难杂症,比如订单交付困难,客户满意度差。

精益十年,企业活力四射,运营指标与改善文化俱佳,成为行业标杆!

【成功因子-44】
工厂搬迁是导入精益变革的极佳时机

成功因子　毫无疑问，工厂搬迁是导入精益变革的极佳时机。不是简单的转移，而是整体的优化和系统改善。改善在前，规划在后，宁可慢一点，也要在搬迁之前把流程优化到位。新工厂建设，一定要让精益来做主，千万别输在起跑线上。

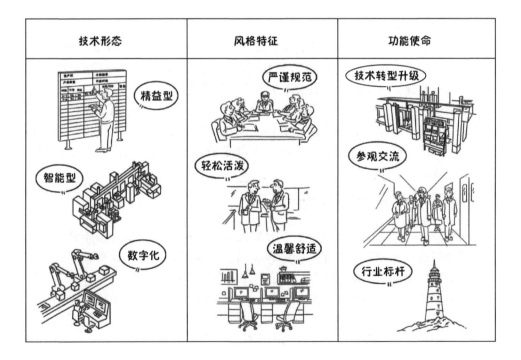

一、工厂搬迁，千万不要输在起跑线上

当我们想象一个品牌的时候，我们首先想到的是什么呢？当我们说起丰田，我们想到的，不仅仅是丰田汽车的名字、性能和价格，还包括丰田给我们呈现的生产方式变革，是丰田所展示出来的精益生产方式，持续打动我们的是一个让全球企业都在学习、借鉴和模仿的精益工厂。**一个品牌的竞争力，离不开一个优秀的工厂现场，我们说，决战在市场，决胜在现场，眼睛盯住市场，功夫要下在现场。**

那么，如何打造一个好的工厂呢？毫无疑问，新工厂搬迁是建设一个理想工厂的最佳时机，如果新工厂搬迁时没有把工厂规划设计好，那么，后续的运营中会带来众多难于补救的问题和损失，包括显性的浪费、时间成本和机会成本，可以说是先天不足，后天难补。

高效的工厂是设计出来的。

先天不足，后天难补。**如果起跑时就落后，那么，在未来很长的时间里，你的工厂都会无法摆脱畸形的困境。**即使后天努力改善，也只能是局部的修补。

新工厂建设，一定要让精益来做主，千万别输在起跑线上。

如果错过了工厂搬迁这绝佳机会，对企业来讲，失去的可能不仅仅是工厂效率提升、物流优化或现场变化，更重要的是，工厂错过了一次打造企业新核心竞争力的历史性机会，因为，企业不太可能天天建新工厂或搬迁，没有那么多机会给我们去浪费。

二、新工厂规划的六大误区

大部分公司在工厂规划的时候，习惯的做法，常常是简单地安排公司内部的工程部门进行规划设计，那样的结果，新工厂虽然有一定的改善，但仅仅靠内部力量、自身认知和技术投入，很难实现根本性的革新效果。

很多企业也意识到了这一点，但是，在实际操作的时候，往往会碰到几个误区。

第一个误区是无目标，工厂的定位不清，没有想明白要打造什么样的新工厂。

第二个误区是无创新，工厂只是由一个地方转移到另一个地方，简单的转移，没有实现制造技术上的突破和创新。

第三个误区是无视野，只是由少部分人，一般是安排工艺部门的人去规划或设计，并没有充分借助团队或第三方的技术力量，而其他部门的人也不太好意思过问或参与，只知道是有个部门在负责。

第四误区是无主见，以为把工厂规划交给设计院就可以了，事实上，设计

院重点是对工厂建筑进行规划设计，很难真正进入细节的产线布局和微观物流方面的改善和设计。

第五个误区是无认知，以为工厂布局就是画画图而已，没什么特别的技术和要求。

第六个误区是无时间，很多工厂在快要搬工厂的时候，才想起是不是找个专业机构帮忙规划设计一下，这个时候，留给设计团队的时间往往只有短短的一两个月时间，根本就来不及做系统深入的改善！

三、工厂规划，搞明白这六大问题

这六大误区，影响了我工厂搬迁的效果，那么，如何系统地策划工厂搬迁的规划与设计工作呢？

我们关键是要搞清楚这6个问题。

第1是Why，我们为何而建？

第2是What，新工厂要打造成什么样呢？

第3是Who，谁来做工厂规划设计呢？

第4是How，如何进行工厂布局规划？

第5是When，什么时候规划，什么时候搬迁？

最后的问题是How much，你准备投入多少钱？

任何一家企业搬工厂之前，我们首先要弄清一个问题：我们要打造一个什么样的新工厂？我们应该对未来的新工厂有个大概的蓝图或者梦想。

那么，在回答这个问题之前，我们要先来明确一下，我们到底是为什么建新工厂？这是一个Why的问题，也是新工厂建设初心的问题。

有时候是基于公司发展战略，根据公司经营目标和战略规划，比如抢占市场，需要在全球或全国布局新工厂。也可能是，公司原来的地区需要作其他用途。

有时候，是为了解决一些痛点的问题，比如产能不足，目前的厂房空间不足以支撑产能扩大的需要。也可能是，为了工艺约束问题，比如老工厂的地区不具备环保条件，需要另建一座厂房。

有时候，是因为公司老板的愿景或情怀，有些老板的愿景是非常清晰的，就是要打造一个什么样的标杆工厂，比如智能化工厂、数字化工厂、透明工厂等。

搞清楚了这个初心的问题之后，下一步，我们要给新工厂一个清晰的定位，这个定位就是确定我们要打造一个什么类型的新工厂。这相当于一个工厂的愿景或蓝图。

到底要打造一个什么样的工厂呢？

从工厂的技术形态角度出发，我们要打造一个精益型工厂，智能型工厂还是数字化工厂呢？只有定位好工厂的技术风格，我们才能从技术的角度和生产模式的角度，来设计未来的新工厂技术思路。

从工厂的风格特征角度出发，我们未来的工厂应该呈现什么样的风格呢？有些老板喜欢严谨规范的风格，有些老板喜欢青春活泼的风格，有些老板呢，恰恰喜欢打造一个温馨舒适的工厂。

从工厂的功能使命角度来看，新的工厂，是要实现技术的升级转型呢？还是满足参观交流目的？或者是要打造一个行业的标杆工厂？

你看，**不同技术形态的工厂，不同风格特征的工厂，不同功能使命的工厂，它们的设计元素差别非常大，你所有的输入，应该围绕工厂的定位而展开，而不是漫无目的的简单搬迁**。如果在工厂规划设计之前不把这些因素厘清的话，新的工厂很难达到一个理想的效果。

但是，不管打造什么样的工厂，我想，有一点是非常确定的。表面是工厂布局，实质是通过制造技术的提升，实现管理转型，打造企业的新核心竞争力。

从制造1.0的精益工厂，到制造2.0的精益自动化工厂，最终到制造5.0的智能工厂，我们需要在新工厂规划阶段就输入优良的设计，在推动管理的系统性提升。

前面我跟大家探讨了新工厂规划的Why和What，那接下来，就是How的问题了。如果打造一个先天优良的精益智能工厂呢？我根据自己的实践，总结了六大原则：

第一个原则是增效为本，系统革新。
第二个原则是先做改善，后做规划。
第三个原则是六新策划，工业之美。
第四个原则是同步验证，落地为本。
第五个原则是既要改善，也要体系。
第六个原则是培育人才，精益文化。

四、一定要先做改善，再做规划

早在20世纪后期，丰田为所有供应商的领导者提供的经营手册中标明：效率，决定了企业的生死，只有比竞争对手更有效地为客户提供高品质的商品和服务、才能获得更好的发展，而公司效率低于竞争对手则会灭亡。

我们现在谈精益也好，自动化也好，智能制造也好，或者工业4.0，其本质的目标，还是降本提质增效。这个效率，是组织竞争力的关键因素。

而在工厂规划的过程中，要紧紧围绕流程效率、生产率、物流效率和交付效率这四大关键效率指标，来展开改善和设计工作。

然而，在现实的工厂规划过程上，我们大部分的企业都是遵循由上至下的工作方法，找个地方，交给设计院进行规划，然后盖房子，房子盖得差不多了，再让工艺部门的人介入，进行布局规划，接下来，就是确定区域功能，布置车间，装设备，搬产线。

传统的工厂规划一般以建厂在先，产线规划在后，改善后推倒重来。这种传统的工作模式，由于厂房基建和生产工艺部门之间的脱节，或者企业负责人对未来新工厂规划认知度和专业度的欠缺，在厂房建设和工厂搬迁阶段主要是以现在的工艺和流程进行转移，并没有对当前的生产流程和工艺技术进行优化和改善，结果往往是按现有的工艺进行搬迁，并没有实现太大的升级和优化。

最后你会发现，新工厂除了厂房是新的之外，并没有多大的变化，流程还是原来的流程，工艺还是原来的工艺，物流还原来一样乱，甚至，物流浪费比以前更大了，因为厂房大了，楼层多了，搬运和库存反而多了。

精益的工作方法不一样，按照精益的工作方法，这流程得倒过来走，一定要先做改善，再做规划。

工厂搬迁完全"不是简单的搬迁，而是系统优化后的整体提升"！精益工厂规划要在新厂房的设计阶段就介入，抛弃传统的"工厂规划—基础建设—产线转移—工艺改进"的思路，把工作模式反过来，而是把工艺改进放在第一步，变成"工艺改进—产线设计—工厂设计—基础建设—持续改进"的模式，由厂房决定产线，变成由产线决定厂房，在规划阶段，要完成重要的产线精益化设计、工艺流程的优化，再来定车间布局和物流规划，进一步提出对厂房建筑的需求。

比如产线布局，传统的生产线是按设备模块来布局的，而精益的产线设计是以产品族工艺路线来设计的单元生产模式。

比如柱子间距，到底是 6 米×8 米呢，还是 8 米×10 米，或者 10 米×12 米呢？这些都要通过产线的设计提出相关的参数需求，而不是不管三七二十一，先定建筑，然后再让生产流程来迁就建筑参数。

当我们把这些参数要求提出来后，设计院再来进行建筑主体的设计，当然，**设计院的建筑设计和生产流程优化是相互交叉的。生产流程的布局对建筑设计提出了要求，反过来，建筑设计的规范也可能提出对布局流程的调整。**只有在双方互动的过程中，才能获得一个理想的新工厂规划。

五、宁可慢一点，也要先天优良

先天优良，顾名思义，就是在工厂诞生之前就经过优化的设计。

一个先天优良的工厂，是设计出来的！

新工厂的规划设计，从时间上来看，是越早越好的。一般来讲，有三个时机。

第一个是在新厂房设计之前进行规划设计，是在设计院的建筑图定稿之前就进行精益工厂的优化改善，然后，按改善后的要求来进行建筑设计。

第二个是在新厂房建好后进行规划设计，厂房那好后，在水电气和基础设施开始施工之前，特别是在重型设备的地基施工和关键辅助设施等施工之前。

第三个是在现有厂房原址进行大幅优化，基于目前的厂房，对工厂进行升级改造。

从我的角度出发，我最喜欢的是第一种情况。

布局规划的时候，我们越早介入，就有越充裕的时间，在搬迁之前，就完成流程的精益化改善和工艺技术革新，然后，按照精益的理念，把精益的原则和先进的技术导入新的工厂中去。

改善在前，规划在后，这是精益布局的基本思想。

宁可慢一点，也要在搬迁之前把流程优化到位。

【成功因子-45】
员工流失，我们的情况不一样

成功因子

无论是丰田生产方式还是精益生产方式，都是在员工相对稳定的基础上起源和发展过来的。在精益应用比较广泛的日本或美国，都未曾真正面对过我们目前如此突出的员工高流失率的问题。简单的复制或生搬硬套显然行不通，一定要结合中国企业的实际状况，发展适合中国国情的精益生产理念和方法。

一、一组数字的冲击

进入 21 世纪，招工难、流失率高正成为令社会和企业头痛的劳动力问题，而与此同时，中国企业在实施精益生产并享受精益生产带来的效益的时候，却常常面临着员工高流失率下如何应用精益生产的困境。

在珠三角与长三角的劳动密集型企业中，生产线的员工月流失率能控制在 6% 以下的是相当不错的了，大部分企业的月流失率都在 6%～15% 之间，还有相当一部分企业的月流失高达 20% 以上，在其他地区的很多企业，员工流失率的状况也好不了多少，这就意味着，对大部分企业而言，在一年之内，生产线的员工基本上全部更换了一轮！

这个数字对精益生产来说是极大的挑战，发展于 20 世纪五六十年代日本丰田的精益生产，它的起源和发展都没有面临员工高流失的问题。在 20 世纪五六十年代的日本，受文化、工会和劳资管理模式的影响，丰田的员工大都是终身制的，丰田把员工认为是企业最重要的资源，丰田生产的创始人大野耐一认为"劳动力现在已经和公司的机器一样成为短期的不变成本，而且从长远来看，工人们甚至是更为重要的固定成本，机器的陈旧可以折旧并报废，但是丰田公司需要从人力的资源在其有效的 40 年内得到最大的产出……"，而精益生产，正是在这样的背景之下产生和发展的。

从精益生产起源和发展的历程来看，精益生产所有的理念和方法基本上都是基于员工相对稳定基础上的。**精益生产应用比较广泛的日本或美国，都未曾真正面对过我们目前如此突出的员工高流失率的问题**。因此，当中国企业开始应用精益生产时，很快就发现员工的高流失率对精益生产的效果产生了很大影响，这些影响主要体现在以下几个方面。

1）**流程稳定变得困难**：精益生产追求连续流，要求生产过程的每一个工位按照节拍进行生产，员工流失势必对整个产线的作业平衡、作业稳定、班组管理等产生影响，进而影响改善的标准化和成果巩固。

2）**技术培训变得困难**：精益生产线往往对员工有更高的理论和技术的要求，而企业要投入更多的资源来培训新员工，尤其对劳动密集型的企业，对员工的培训工作更为繁重。更为头痛的是，员工刚开始熟悉了解精益的理念、方法和管理的时候，很快又离开了企业，这让众多的精益推行者疲于应付，甚至失去耐心。

3）**全员参与变得困难**：在丰田或其他优秀的日本企业，全员参与往往成为企业的标配，但是，在上述情况下，员工变化太快，员工很难真正融入改善的体系氛围中去。

4）**精益文化变得困难**：员工频繁流失与补充，缺乏企业的归属感和参与度，无法很好地融入精益企业的战略和体系中，精益文化和改善氛围很难建立及延续。

....

这就是中国特有的国情，所有这些影响，让精益生产的推行者不得不花更多的时间来解决精益生产如何适应员工高流失率的状况。

二、精益生产，如何应对？

事实上，员工流失是中国当前的社会问题，精益生产的工具和方法本身并非关注于如何解决员工高流失率的问题，而我们要在当前高流失率的状况中有效地推行和应用精益生产并从中获益，简单复制或生搬硬套显然行不通，一定要结合中国企业的实际状况，发展适合中国国情的精益生产理念和方法。

那么，我们在应用精益的时候，要考虑以下几个关键问题。

1）面对如此高的员工流失率，精益生产的实践应该关注哪些问题？

在丰田或欧美企业，精益实践者并不需要过多考虑员工流失率的问题，可以更多地关注精益的技术本身的应用。

但在中国就不一样了，你在改善的时候，还必须多考虑一层问题：这个改变对新员工适应性如何？如果从熟练工人变成新工人，如何快速达到设定的标准作业？比如产线平衡，老员工辞职后，如何避免补充上来的新员工影响整条产线的效率？

2）如何合理应用精益管理中的技术和方法，可以帮助预防和解决员工流失的问题？

既然员工流失不可避免，那么，是否可以利用精益的工具方法来改善这种状况呢？

换句话说，就是要用精益思维和方法去降低员工流失率，或减少员工流失的影响。比如，应用防呆的工装，无论老员工或新员工，都可以把工作一次就做对，不产生品质问题；应用LCIA低成本简便自动化，降低员工劳动强度，减少员工流失。

3）既然中国目前员工高流失率不可避免，在推行精益生产时，精益管理应该怎么应对？

面对中国的员工流失状况，精益管理的思想理念、体系架构、流程机制、工具方法、人才培育、评价考核等各方面，都要把员工流失管理纳入到我们的系统解决方案体系中去，创造一种可以适用员工流失的精益管理体系。

任何管理理念和方法，如果不能系统地综合应用，或者只是单一、孤立地使用，它们都只是一些零散的工具而已，并不能实现有目的的管理行为。

如何把这些有效的理念方法整合成一套应对和解决员工流失的系统方法和可以执行的套路，这势必是精益推行者和企业管理者真正需要关注的环节。

当企业在推进精益的时候，面对员工流失率较高的情况，如果不能找到一种合适的精益方法论和实践技巧，企业的精益实践将变得极其困难。

第 10 篇

关于老板角色

【成功因子-46】
别让高管的浅知成为瓶颈

成功因子　高管不仅要了解精益先进制造管理技术和工具方法，还要成为工具方法的应用专家和教练，否则，这些先进的精益制造管理技术顶多只是停留在部分基层主管、工程师的工作层面，无法进入企业的上层建筑，始终游离在企业的常态化体系之外。

一、高管怎么会变成制约的瓶颈呢？

精益，怎么样才能真正走进企业的高层管理的平台体系呢？

或者说，到底是什么，制约了精益成为企业上层的管理平台呢？

在多年的精益生涯中，我们深切地感受到，**可能正是高管的浅知，正在阻碍着精益管理先进制造管理技术的系统性应用并形成一种文化。**

这里所说的高管，包括了企业的董事长、总裁、总经理、总监等级别的高层领导，也许是企业的创始人，也许是职业经理人。

这里讲的先进制造管理技术，是指较先进的但又是基础性的生产制造管理技术与工具，而不是指一些管理理念，也不是通常认知的沟通技巧、时间管理、目标管理、激励技术等软性的管理能力，更不是产品本身的制造工艺技术，而是指系统性的、操作层面的、改善型的管理技术或方法，比如精益生产、六西格玛、TPM-OEE、IE 工业工程……

这些先进制造管理技术在几十年前甚至上百年前开始在欧美日工业进程中发展而来，在欧美日企业中已经普遍应用，并形成了基于或围绕这些管理技术的系统管理流程。当你进入这些企业，你会发现，一百年前就开始发展而来的标准工时管理技术在这些企业已经形成了一系列规范的管理活动，包括工时测量、劳动定额、产能评估、人员定编、机器负荷、效率评比、工艺改善、绩效考核、人力预估、工具设计、产线平衡、工厂布置、新产品管理、设备选型、ERP 运行、成本核算等，在这些企业，如果你把标准工时拿掉，这家企业可能有 50% 以上的流程是无法运转的。

时至今日，依然有众多的中国企业，还是没能把基于标准工时的科学管理体系建立起来，这成了中国企业迈进科学管理的硬伤。

这些先进制造管理技术，很难在中国的企业形成系统管理和企业文化，为什么呢？

制约的因素，断层的瓶颈，往往是来自于企业的高管！

二、断层是怎么样形成的？

我这么一说，大家可能有点蒙，高管不是经验丰富、管理高超、技术专业的人吗？而且，高管往往还是精益管理先进制造技术的倡导者，他们怎么可能会变成瓶颈呢？

我见过很多高管，对这些先进制造管理技术，还停留在无知或浅知的层面，并不真正精通这些工具方法，也不太了解如何去把这些工具方法与公司的经营目标或日常管理融合起来（也许，这就是我们咨询顾问存在的价值吧）。

这种浅知是非常要命的，正是这种浅知，中断了上下之间的脉络神经。

在本书【成功因子-13】中的案例中，那位 CEO 阐述了 OEE 的价值，并且把 OEE 纳入了公司的管理体系中。试想一下，如果没有这位高管对 OEE 的精通和了解，OEE 能进入高层的管理平台体系吗？

在我国的众多企业中，大家都偏向于这么一种认知：高层掌握好经营的大局和方向就可以了，没必要了解这些工具和技术层面的东西，这些应该是工程师们去做的事情。

很多高管或企业家们认为，我把先进的管理技术引入企业，公司的中层或基层员工应该好好学习和应用，这是企业给员工的福利，员工应该好好珍惜。

然后，高管们的重点主要是停留在倡导和支持的层面，其工作重心依然放在经营层面，认为技术和工具主要是主管工程师们的事，高层的职责就是提供支持就行了，很少真正参与进去实操这些管理技术，结果往往是：

1）工程师们掌握了精益生产的技术，高管却不知道那个单元线是如何设计的，节拍到底合不合理，还有没有改善的空间。主管工程师们谈论 VSM，高管们不知其为何物，如何应用。

2）工程师们花了大半年的时候把 OEE 系统建立起来了，把 OEE 报表发给相关高层的时候，高层看不懂，除了数据，还是数据，报表天天发，天天如同石沉大海。

3）工程师们把标准工时测量出来了，企业家们还停留在计件工资的思维中，标准工时如何应用到劳动定额、产能评估、人员定编、机器负荷、效率评比、工艺改善、绩效考核、人力预估、工具设计、产线平衡、工厂布置、新产品管理、设备选型、ERP 运行、成本核算中去，高管们不懂，下面的中层、基层主管工程师也没有能力影响公司的决策与未来。

4）做了六西格玛项目，高管们听报告时如同天书，对那些先进的统计技术和方法云里雾里，最后一个结论是：太深奥，不实用。

....

很快，大家就会发现，公司的高层和基层之间没有管理技术方面的共同话语，高层把精力放在战略、运营、文化层面，中层和基层掌握的管理技术也不能与高层之间进行技术层面的交流，技术断层就此形成。

这样的结果是：先进制造管理技术无法进入企业上层建筑的管理模式和运营管理系统，它只是中层、基层在应用的工具方法而已。

三、上不了台面的东西何以成势？

高层先天不懂，后天又错失实践，然后，人们发现，这些先进制造管理技术的工具方法根本进入不了企业的上层建筑，或者说，上不了台面！

高管运营管理平台体系中，并没有出现和先进制造管理技术相关的主题和目标，比如：

※ 高层的运营会上是否把 OEE 列入设备综合效力评价管理？

※ 高层的运营会上是否把 Cpk 列入工艺质量管理评价？

※ 高层的运营会上是否把精益生产的指标列入常规考核？

※ 企业的成本分析系统中是否把标准工时的减少作为成本评价指标？

※ 高层的各级管理例会中是否要求把精益、IE、TPM、六西格玛作为常规议题？

※ 企业在部门设置时，是否把 IE 或精益改善办作为与财务部、人事部一样重要的、独立的、长久稳定的组织机构的，并且纳入企业的管理流程？

…………

如果企业做不到，那么，这些先进的制造管理技术顶多只是停留在部分基层主管、工程师的工作层面，无法进入企业的上层建筑，始终游离在企业的常态化体系之外。

既然无法进入企业的上层建筑，那么，当初导入这些管理技术的初衷就演变成中层管理者在短期内临时性的工作。要么兼职糊弄，要么很快转调岗位，要么职业通道被堵死……即使刚开始时取得一些成果，当初激情满怀很快就变成了困惑与彷徨，很快，这些工作变成可有可无，可重视可不重视，可做也可不做。

随着少数掌握这些技术的主管工程师们的陆续离职或岗位调整，这些管理技术在企业中进入消亡阶段。

所以说，如果需要把精益先进制造管理的理念、工具和方法，真正有效地融入企业的正常管理流程中，高管要掌握并精通相关的管理技术、工具方法，甚至，成为这些技术工具应用的专家，否则，就可能变成瓶颈。

【成功因子-47】
多鼓励，少批评，用欣赏的眼光看待每一个变化

成功因子　正能量与负能量都能快速传播。在评价一个改善的时候，即使是失误或弯路，也需要宽容和支持。有些变化，不一定马上会带来立竿见影的改善，但是，正是这些成千上万的小变化，终究成就企业的大变革。多鼓励，少批评，用欣赏的眼光看待每一个变化。

一、汇报会上的尴尬

在某次月度改善汇报会议上，各个车间的主任向大家展示了近一个月来所做的改善，这些改善涉及效率改善、品质改善和交期改善等各方面，有较大的改善如整体布局优化，也有一些较小的改善，比如5S、目视化、工装方面的。

像大部分企业一样，每个车间汇报完后，都安排了一位领导对改善进行点评。

随着汇报和点评的交互进行，很快，我就发现一个非常尴尬的现象，每一个主任汇报完后，下面的领导点评时，似乎都比较趋向于评价改善的不足之处。那些领导，似乎是为了彰显自己的水平，更多的是指出改善存在的不足，并且，有些领导的点评显得非常严肃。

而台上的主任们，就像是犯了错的孩子接受审讯一样，机械地听着这些领导的点评意见，然后，终于等到领导发言结束时，面无表情地回到自己的座位。

一个上午的汇报会议结束后，各车间的主任们，基本上都是情绪低落地回到自己的工作岗位。有人沉默，有人不悦，有人心里默默嘀咕"以后再也懒得改善了……"

这样的汇报会，最终效果可想而知……

二、组长凉凉了

冲压车间的组长，与员工一起做了一个简单的改善，该冲床每次换冲压油时，都要把空罐子拉到100米外专门的机油房罐油，搬回来再接上机器，平均每次都需要停机20分钟左右，一天要停4次，总共损失1个多小时，怎么改善呢？

组长联想到自己家里的煤气瓶，为确保不断气，家里准备了两个瓶子，一瓶用完了，马上接上另外一瓶。

于是，组长多申请了一个装冲压油的罐子，在机器旁边放一瓶备用的冲压油罐，这样的话，每次换油只需要3分钟左右，一天下来可以节省1个小时的产能，设备效率大幅度提升。

后来，生产总监到现场时，组长非常积极地向领导汇报这个改善，组长满怀期待地等领导的称赞时，没想到领导提出的几个质疑，直接给他泼了一盆凉水。

"这个改善虽然缩短了切换时间，但是呢，这台冲床本身并不是车间的瓶颈，减少这个切换损失对整个车间的效率帮助并不大。"

"以后，我们应该更多关注瓶颈设备的改善。"

"多备了一个冲压油罐，放在这里会不会有安全隐患？"

领导的意见，逻辑上似乎没有问题，改善当然首先要关注瓶颈，备用罐的安全肯定是要谨慎的，也是持续改善所需要考虑的。

但是，在组长听来，却是穿透内心的凉凉。这不是他所期待的回应，本来是一个挺好的改善，希望得到领导的肯定和表扬，然后，传递给员工，但从领导语气中，丝毫感觉不到这种赞许。

满腔热情的改善，变成一厢情愿的期待，有点自讨苦吃，这改善一点都不好玩。

三、用欣赏的眼光看待每一个变化

类似这样的场景，我想大家或多或少都体验过，这种风格的评价，对改善者的负面冲击是非常强烈的，对改善文化更是一种精准的打击。

做过父母的人都知道，孩子在小的时候，更多是需要大人的鼓励，哪怕一点小小的进步，我们都会及时地发现并给以热烈的表扬。

这似乎是再简单不过的常识了。

与此同理，**在评价一个改善的时候，即使是失误或弯路，也需要宽容和支持**。没必要为了彰显领导的能力或专业水平，去打击一个改善活动。

一个有智慧的领导，应该懂得如何去维护员工的改善热情，看到现场的变化，哪怕是细小的变化，真诚地予以赞扬，并进行建设性的交流。

特别是在精益导入初始阶段，她还是一个非常脆弱的婴儿，管理者唯一需要做的，就是去呵护她成长！

有些变化，不一定马上会带来立竿见影的改善，但是，正是这些成千上万的变化，在注入鼓励的温暖后，汇流成河，聚沙成塔，终究成就企业的变革大业。

所以说，请多鼓励，少批评，用欣赏的眼光看待每一个变化！

【成功因子-48】
听到不同的声音，保持淡定

成功因子

任何新的事物，如果要让所有人去评价的话，都不太可能有好结果。作为公司的关键领导人，面对不同声音，一定要保持淡定。不管是哪一种声音，都不必过于紧张，不要受到不同声音的误导，影响自己的决策，更要避免采取过激行为。做到心中有数，自然不会受不同声音的干扰。保持淡定，方得稳住大局。

一、不同声音出现了

在精益推进的过程中，可能会出现很多不同的声音。面对这些各种各样的意见和声音，如果你是领导，你会如何处置呢？

我们先来看看几个常见的情景：

【场景一】产线布局优化后的不同声音

经过改善，把原来孤岛式的生产布局，改成连续流生产模式，取消了工序间的搬运浪费，工序间的大量库存也不见了。改善效果非常明显，产线运行了一段时间后，大家提出了一些意见，既有正面的评价，也有质疑和反对意见。

有人说：单件流生产，一旦中间出现任何异常，整条产线就中断了。

有人说：连续流生产布局，导致某些设备的利用率降低了。

有人说：这种生产方式只适合批量较大、产品形态比较稳定的产品，不具备推广性。

....

【场景二】针对改善周的不同声音

企业刚刚实施了一个改善周，组织了15个成员，在5天内全职参与，利用精益和IE的现场改善技术，对选定的任务创建并实施快速的、可行的方案，并达成了突破性的改善。大家对改善周的感觉都不错，但是呢，针对改善周的这种模式，却产生了一些不同声音。

有人说：改善周，投入了十几个人，这种改善算不上什么。

有人说：改善周，只是点上的改善，对公司系统运营没多大作用。

有人说：改善周，大家在改善的几天内实现突破，但是，以后团队一散，效果是维持不了的。

....

【场景三】对精益组织评价的不同声音

年终到了，各个部门都在做年度部门总结，精益办也不例外，把今年的改善活动、效果收益、参与情况等方面进行了全面的总结。年度总结会议后，有些部门的人提出了一些看法。

有人说：精益部门总结的事情，都是我们各个部门干的事情，把其他部门做的事情归纳到一起，精益办干了什么？

有人说：精益部门总结的效益，核算方式有问题，有点太虚了。

有人说：精益办是一个可有可无的部门，没必要设置这个组织。

....

以上种种声音，如果你是公司的领导或负责人，听到这些意见，你的反应会是什么？你会如何处理这些意见？

二、一个总经理的教训

作为公司领导，面对不同声音的处置方式，将对后续的精益推进产生非常重要的影响。

也许你会有点为难，因为，这些不同声音，并非毫无道理，甚至很多负面的评价也是事实存在的问题，怎么办？

是马上追究责任？

还是置之不理？

或者坦然面对？

我经历过一个真实的案例：

很多年前，我们辅导的一个客户，是有着50多年历史的国企。项目启动后，成立了两大项目组，并且委命了公司的两个经理分别负责。其中，负责物流项目的是一位有着多年工作经验的女经理，积极性和责任心很强。

项目在各种困难和挑战中推进着。

三个月后，公司组织了一次高管的团队拓展训练，在拓展训练期间，有人打小报告给总经理，说了一些物流项目的问题。总经理听了后，还没怎么搞明白事情真相，直接把女经理批了一顿。

女经理非常委屈，哭了半天没缓过来，在后续的推进过程中，积极性大幅下降。

后来，我找到总经理，我跟他说了两点：

第一：没有参与就没有发言权。总经理在项目启动后，在意愿上是非常支持的，因为这是总经理亲自倡导的项目。但是呢，总经理很少亲自参与具体的改善工作，对过程中问题和解决方案并不太了解。不能仅仅凭一些道听途说的小报告，不问青红皂白上来就痛批。

第二：听到不同声音时，要保持淡定。变革过程中，有不同声音是正常的。作为公司领导，听到各种不同意见或反馈，不必过度紧张，要淡定一些。

三、保持淡定，方得稳住大局

听到不同声音，要保持淡定。

确实如此，任何新的事物，如果要让所有人去评价的话，不可能有好结果的。

现在，我们都在享受高铁。可是，大家还记得吗？在2009年武广高铁刚刚开通的时候，得到可是一片批评和质疑。有人说，高铁太贵了；有人说，高铁是劳民伤财；有人说，高铁破坏了环境……

结果如何呢？时至今日，它给人们的生活带来巨大的方便。

精益同样如此，有不同的声音，有不同的评价，其实都是正常的，这些声音，可以大致分为三种情况。

第一种：不同声音所描述的是真实存在的问题。

第二种：不同声音是来自一些消极的人，抗拒改变的人。

第三种：不同声音纯属是某些人故意的攻击、诽谤或打压。

作为公司的关键领导人，面对不同声音，一定要保持淡定。要稍稍有一些基本的判断能力，这些不同声音，到底是属于哪一类呢？

然而，不管是哪一种声音，你都不必过于紧张，千万不要受不同声音的误导，影响自己的决策，更要避免采取过激行为。

只要心中有数，自然不会受不同声音干扰。

保持淡定，方得稳住大局。

【成功因子-49】
不必过度以财务收益去衡量精益改善

成功因子　改善本身是一项长期的投资，不一定马上会体现到财务收益。我们无法量化评价跑步对身体的贡献，但长期坚持适当科学的锻炼，对身体是肯定有好处的。改的原动力，源自于内心对善的追求，不需要刻意追求外界的评判。改善的初心，是实实在在的进步提高，不必过度追求财务收益评价。

一、由一个降低工价的故事说起

广东某电工企业，导入精益生产后，车间生产率在两个月之内提高了31%，但该企业的老板却有点高兴不起来，为什么呢？

他一直强调说"我还没看到财务的效果。"

财务效果如何体现？最直接的，应该就是降工价了。

于是，该老板开始要求财务调整工价，不顾咨询老师和内部的意见，他认为改善是因为请了咨询顾问的结果，并不是员工努力的成效，不仅没有表达对员工的肯定和激励，并且在改善的次月就把员工的工价（即单价）下调了30%。

结果可想而知，员工感觉到自己配合改善的努力和付出没有得到尊重和回报，调工价的第二个月，一半员工就辞工离去。而更严重的后果还在后面，员工的离去影响了精益改善成果的维持和进一步推广，精益推行团队也受到打击，企业精益推进的氛围和力度急剧下滑，精益推进组织也出现变动，部分推进人员也选择了无奈离职，最终整个项目也不了了之。

这种由于过度关注短期财务利益的做法，其结果令人叹惜。

二、财务评价的误区

精益的效果如何评价？

用数据！

用什么数据？

当然是财务数据！

用财务数据来评价改善效果，这似乎是众多管理者在推进精益改善时的普遍做法。

一般来讲，大家都认为财务数据相对客观一些，而且，企业运营最终要看财务结果。

殊不知，过度追求财务数据的做法，可能会把精益引向另一个深渊。

首先，财务数据并不都像你想象得那么客观准确。很多数据，财务也没办法精准核算，特别是针对一些软性收益。比如交期缩短，财务怎么去评估这个收益？交期的缩短对业务和订单当然有帮助，但要去评价收益的话，对财务来说是很困难的，即使算出来了，也可能业务没有真正增长。

其次，**过度关注财务数据，可能会导致大家过度玩弄数据**。当一个企业的改善过多地玩弄数据时，这种精益本身就已经变质了！比如库存降低带来的收益，包括硬收益和软收益，财务如何去综合评估软收益？降低了库存，释放了多少库存金额，这是硬收益，容易评价。但是库存降低带来的软性收益，包括利息收益、仓储空间收益、储存费用降低等，这类收益如果要去核算，确实可以算出来。但是，相关部门的人需要投入大量的精力去研究所谓的财务模型和计算逻辑，进行相关的数据采集，然后，制作各种各样的报表。久而久之，大家花在财务数据上的精力投入越来越大，慢慢地感觉做改善就是做数据。最后，逐步演化成编数据，做数据，蒙来蒙去，完全变了味道，连老板自己看了都不相信了。

最后，**过度关注财务数据，会将大家改善的重点导向能见到真金白银的项目，会弱化大家对那些流程性基础项目的**改善，包括班组管理、基础完善、流程建设、系统优化和标准化作业等方面的改善，比如 ST 标准工时的建立，BOM 数据准确性，这些基础管理要素的改善，不会马上带来财务收益，那么，没人会去关注这方面的改善，这显然和改善的初衷是背道而驰的。

当然，我们并不是完全反对去核算财务收益，财务收益可以从量化的角度来评估一个改善的总体效果。财务部门作为收益的第三方机构，对收益数据的认知和核算方法确实要客观，特别是针对那些 Hard Saving（硬节约）类的改善，但是，我们千万不要过度地去追求以财务报表去衡量改善成效。

三、既然是好的，就尽管去做吧

精益的改善，重过程，也重结果。但是，这个结果，不一定就是财务收益。
一个改善，不管有没有财务评价，它在本质上还是一个实实在在的改善。

【情境一】5S 目视化改善，现场整洁了，漂亮了，效果很好，客户也满意。但这个效果能用财务数据精准核算这个收益吗？这个改善，一点都改变不了财务的报表。

【情境二】做了一个工装，员工操作省力了，动作难度等级由 M5 变成 M3，员工喜欢，提高了员工满意度，这个改善，财务报表也直接体现不出来。如果非要用财务数据去衡量，那就是员工的满意度提高，流失率会相应降低，可以节省招聘与培训成本，也可以节省新员工的潜在品质损失，最后，转化成财务的收益。可是，如果按照这个思路去评价一个改善，会不会觉得很虚呢？

【情境三】做了个布局优化，节省了 100 平方米，可以做个员工休息区或开放式现场讨论区。这个改善，你可以用财务去算节省 100 平方米的隐性收益，但是确实似乎没多大的必要，你的厂房可能是租的，除非可以把节省的 100 平方米退租处理，如果是企业自建的厂房，你的所谓的财务节省，只是用来向老板邀功而已。

【情境四】做了一个布局流程优化，实施单件流生产方式，生产周期由原来的 7 天缩短至 4 天，这是实实在在的改进，但这个改善，如果真要让财务去算一笔收益的话，还真有点难为财务核算部门。然而，不管财务是否能核算出收益，这生产周期的缩短确实是好的。

很多改善，根本无法用财务收益的方式去衡量。

实际上，也没必要非得追求用财务数据去衡量所有的改善效果。

因为，改善就是改善，不管财务评价或不评价，或如何评价，本质上它就是改善，是真真实实的改善。

四、改善是一种长期的适应性投资

很多管理者，确实会有一些困惑，这些困惑，有时候也是一种正常的疑问，比如：

生产率提高了，为什么体现不到财务盈亏的好转？

生产周期缩短了，为什么财务上看不到业务增长的效果？

设备点停减少了，为什么财务分析上体现不出成本的降低？

改善了那么多年，为什么公司的利润率还是上不去？

…………

当我们在质疑这些问题的时候，不妨从另一个角度来反证一下：

一个年产值10亿元规模的企业，在10年前，生产过程非常不精益，生产率并不高，产线作业人员达到了2000多人，但没关系，企业的净利润率有10%以上，非常不错。它的生产周期很长，需要30天以上，不过没关系，客户对交期的要求不高，市场竞争也不算太强。

到了今天，该企业的产值还是10亿元，通过这么多年的精益改善，人员减少了一半，降低至1000人，但企业的利润率还是只有10%，也许更低，甚至利润为负，企业反而感觉赚钱越来越困难了。通过持续改进，生产周期也已经缩短了一半，15天就可以快速交付，可是现在客户变得越来越不满意了。

这真是奇葩的事，明明是改善了，为何收益反而不见好转？

这么多年的改善，怎么在财务上见不到效果呢？这是改善的错吗？

这确实非常让人困惑，这么多年的改善，效果也蛮好，在行业中还树立了标杆，但公司的效益却没有得到明显的改善，怎么回事呢？

不过，反过来，倒推着去想象一下，你就可能就觉得非常庆幸了。

假如我们过去10年没有去提高效率，没有去缩短生产周期，会是什么样呢？

毫无疑问，结果只会更惨。

不提高效率，在过去10年人力成本大幅上涨，招工日益艰难的情况下，企业可能早就活不下去了。

不缩短交期，在客户对交期要求越来越快的需求之下，你的企业早就没有机会拿到订单了。

更可怕的是，你的效率可以不变，你的交期可以不变，而你的竞争对手，却跑到你的前面去了。

值得庆幸的是，你在 10 年间，不断地持续改善，具备了适应时代的流程和组织，保持了与时俱进的竞争力，甚至不亚于你的同行与竞争对手，才使你的企业，在漫长的生存与发展过程中能够活下来。

改善本身是一项长期的投资，不一定马上会体现到财务收益，就像人的锻炼身体一样，长期坚持科学的锻炼，对身体是肯定有好处的，我们计算不出锻炼的财务好处，但确实可以预知到，不锻炼的话，对身体肯定是没好处的。

借用一句话：钱不是万能的，没钱却是万万不能的。那么，改善不是万能的，但没改善是万万不能的。

五、改善的初心是改善

改善的原动力，源自于内心对善的追求，不需要刻意追求外界的评判。
改善的初心，是实实在在的进步提高，不必过度追求财务收益评价。
这种最纯粹的初心，是驱动改善的原动力。

【成功因子-50】
没有失败的精益生产，只有失败的老板

成功因子　精益本身就是成功的方法论，不需要再去讨论或证明这种生产方式的好处或成功性了。唯一的差别，就是每一家企业在进行精益实践时，做法不同，结果也是千差万别。谨记"精益十箴言"，践行"精益八戒"，方可助力精益成功！

一、不管你成不成，精益本身就是一种成功实践

这是精益管理的第 50 个成功因子了。

作为一名精益顾问，经历了 200 百多家中外企业的精益实践与咨询，盘点过去这么多年来的精益历程，想来想去，最后总结成一句话：

没有失败的精益，只有失败的老板。

不管你信不信，精益本身就是成功的方法论。

不管你成不成，精益本身就是有效的工厂实践。

为何说没有失败的精益呢？因为，**精益本身是一种已经被证明是成功的、有效的生产管理方式（之一）**，作为一种识别和消除浪费的理念和方法，到目前为止，**精益是工厂改善最好的管理方法**，已经在各个行业、各个领域的大量企业中成功实践。我们不需要再去讨论或证明这种生产方式的好处或成功性了。

为何说只有失败的老板呢？既然精益本身是成功的方法论，那么，为什么有些企业精益做得好，有些企业做得不好？做得不好的企业，是因为精益方法论不行吗？

显然不是。

就好像足球运动一样，足球的规则和工具都是成熟可靠的，你的球队踢不好，能说是足球本身的问题吗？显然不行。那么，唯一的差别，就是每一家企业的精益实践时，做法不同，结果也是千差万别。如果精益做失败了，是谁的失败呢？员工吗？顾问吗？都说不上，损失最大的，还是老板，最大的失败，也是老板。

如何把精益与企业自身的特征和文化相结合，找到企业自身的精益实践模式，是每一位精益实践者，包括老板，需要持续探索的实践。生搬硬套没有出路，如何消化、吸收再升华，则是每一个企业不同的精益宿命。

二、搞搞停停是最大的失败和浪费

很多老板都会有过类似的困惑或挫折：

"我们以前也做过精益啊，感觉效果不明显，就没继续做下去。"

"我们请过精益咨询顾问来辅导，但是顾问不行，效果不好，停了。"

"现在公司的同时导入的项目太多了，精益先停一停。"

"看不到财务效果，企业经营是现实的，没必要搞精益。"

…………

后面的情况呢？就很自然了，通常的结果就是不得不中止和暂缓。要么终止跟咨询顾问的合作，要么将精益办解散，要么将精益预算砍掉。

我总是苦口婆心地说："如果你不想烧钱，请您能耐心地、扎扎实实地一直

坚持下去，因为那必须成为您的信念，**也只有坚持，您才会看到持续的效果，否则，会变成更大的浪费。**"

有时候真的很痛心，总有些企业老板或公司负责人，精益搞了一年半载就停止或放弃，或者今年请这一家咨询公司明年请那一家咨询公司，或者年年换新花样，没有持续和巩固……

最后的结果都一个样：搞了相当于没搞，伤了企业，伤了员工。

当然，企业有时候把项目停下来也有一定的苦衷，有时候，确实是因为外部精益技术机构或顾问的服务能力和水平问题，最终效果跟双方的预期有较大的偏差。这其中又掺杂了诸多的因素，包括商务、技术、协作、风格等。

但是，**不管项目如何，精益本身是没问题的，即使只得到 30% 的效果，也是来之不易，更要加倍珍惜。精益不等同于项目，项目可以停，但精益不能间断。**

三、精益不是甩手给员工做的

还有一种误解要避免，有些老板引入精益之后，一般都会把项目交给下面的管理人员，然后，语重心长地跟团队交代：我把精益引进来，给大家提供了一个学习、培训的机会，大家一定要好好珍惜，把精益项目做好……

事实上，这种甩手把精益交给下面团队的做法并不值得倡导，相反，我觉得这是一种浪费，也可能导致另外一种失败。

精益不是为员工而做的，不要以为给了员工培训和成长的机会，精益就是员工的事，更不要把失败的责任推到员工和咨询公司身上，在整个精益化的过程中，唯一能打败精益的是老板自己，最终被伤害的也是老板自己，包括投入的金钱、时间机会、团队士气等。

一个聪明的老板，首先自己要学好，自己花了钱，自己肯定要先学，把自己变成精益的半个教练，才能更好地指导公司推进精益。所谓铁打的营盘流水的兵，员工是经常要流动的，老板走不了，老板都成专家了，还怕精益进行不下去吗？

四、践行八戒，避免失败

如何避免失败？其实也不难。

精益首先是一种信仰，你信，它就有，不信，则什么都没有！

精益的核心在于消除浪费，是一个持续改进的过程，而不在于某一时的结果。

幸福的家庭都是一样的，不幸的家庭各有不同，但总结起来，失败的要素无非有下面几点，我称之为"八戒"。

（一）急功近利

没有精益的愿景、使命和规划，只求一时财务效果。不重视组织架构搭建，没有专职的组织和人员。不重视人才与流程建设，没有人才培育的强烈意识。过分关注短期指标达成，不关注人才培育和流程建设。过多计较投入产出比，喜欢以投入产出比来做决策。没有持续改善的思想，喜欢搞运动，不是扎扎实实的改善企业体质。没有耐心，急于出成果，两三月未见成果就表现急躁，稍有偏差就开始怀疑、动摇和放弃。

（二）一知半解

盲人摸象式的思维，以偏概全，片面地理解精益的整个系统。不理解从改善工具、精益生产、精益管理、精益企业之间循序渐进的系统关系。

（三）形式主义

浮于"形"，将精益当成一场运动。不重视精益内在"神"的建设。精益技术转化的过程中，连僵化执行都做不到，更谈不上后面的固化应用和优化改善。

（四）经验主义

保守，不愿改变和创新，怕承担风险。狗鱼综合征严重，自以为是，瞎指点，乱决策。习惯于否定，常说"不行"，喜欢说"但是"。

（五）观望主义

安于现状，喜欢观望。不敢跳出企业经营舒适圈，担心精益管理不适合自己的企业。不懂欣赏和认可，只发言，好评价，不参与，不主导。

（六）依赖主义

过度依赖第三方咨询，将组织或个人的指标直接转嫁给咨询公司，稍稍达不到期望，就开始批评和否认咨询专家。在理念、技术和方法上与咨询方唱反调，未能恰当利用咨询方的价值。轻视自身精益组织和流程的建设，轻视自身精益推行骨干的培养，咨询方一撤，所有改善被打回原形。

（七）高高在上

高层管理或部门领导对精益的支持只是停留在口头、口号，没有多少具体的实际行动。不参加培训、不持续学习，不能与团队共同进步，缺乏共同语言，还可能干扰精益技术的正确应用。不积极参与精益改善活动，也未能充分贡献高层资源优势。精益具体活动的承接层面越来越低。领导意志，乱弹琴，乱评论，乱否定，乱打击。

（八）消极善变

碰到阻力缺乏坚持，困难面前容易放弃，喜欢随意停止或中止。收到不同意见时抵触摇摆，听到各种声音时产生怀疑，过于紧张，全盘否定。动不动就延迟或拒绝支付款项，喜欢随意中止项目，或者换另一个咨询公司，或者换另一种管理模式。

如果有以上八种作风的任何一种，精益在其企业是不可能获得长久成功的。即使短期内取得了一些成果，也不可能维持。尤其是老板们总喜欢中止或放弃项目，没有持续地巩固、消化和发展精益的理念及技术，这种行为，无异于"自杀"与"烧钱"。

五、未来可期

企业追求永续经营，精益之路，充满挑战，只有坚持，方可成功。

最后，谨以此"精益十箴言"，与中国企业的老板们共勉：

1）精益是一个只有开始没有结束的旅程。
2）拥有长远的精益愿景、使命和规划。
3）保持激情，坚定信念，相信才能看到。
4）稳定专职的组织架构胜于任何咨询顾问。
5）多关注人才培育和流程建设。
6）多鼓励，少批评，用欣赏的眼光看待每一个变化。
7）请用建设性意见来表达否定意愿。
8）听到不同的声音，保持淡定。
9）再忙都抽出时间参与精益改善。
10）尽管去做，快而粗好过慢而细。

第 11 篇

成功实践

【成功因子-51】
一个外卖骑手的精益管理实践

成功因子　精益管理无处不在,精益的原则放之四海皆准,精益管理的工具和方法,可以适用于任何一个行业和所有的领域。外卖骑手用好精益管理,效果就是不一样!

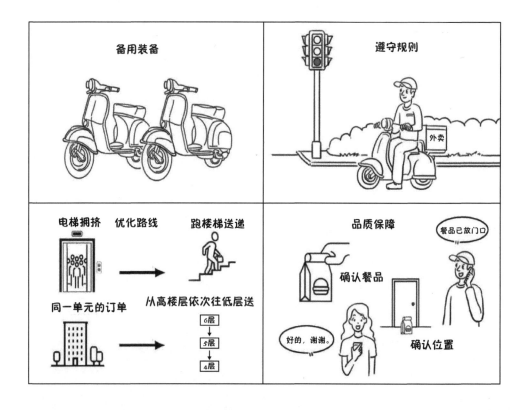

一、一位优秀的外卖骑手

"精益管理无处不在",这句话,每个精益从业者耳熟能详。凡是用心,都会有非凡成就,有非凡成就者必合精益之道。现在最火的外卖配送行业也不例外,一个卓越的外卖骑手,其行为也必定符合精益之道。

一般的外卖骑手日均30多单、每月达到1000单就非常不错了,但在饿了么平台上有一位不一般的外卖小哥。这位外卖骑手叫马放(化名)。从2019年9月以来持续创造了单日60单以上,每月1800余单的惊人业绩!那么,马放如何实现的呢?总的来说就下边这五条,完全符合精益思想。

二、备用装备——双箱系统

工欲善其事,必先利其器。马放为了避免发生半路电动车没电而耽误时间这种情况,给自己备了两台电动车,一台电不够了可以马上换另外一台。

同时他还非常会处理人际关系,备用这台车不是放在家里,而是放在他的活动区域里的某个商家处充电。

另外还随时携带两个充电宝、备着手机防水袋,以防手机出现任何问题。

这种方式就是精益管理中的双箱系统(Two Bin System),一箱物品正在使用,另一箱物品备用。这样,可以确保产线的作业人员不至于受到物料补充的影响。

三、遵守规则——标准作业

马放特别尊重标准,遵守规则。

不少骑手为了抢时间,经常会做闯红灯、超速等违反交通规则的事情,以至于经常成为马路杀手,出现交通事故。有的人把电动车乱停乱放,结果,有时候自己找不到了,有时候被小区保安挪走了,有时候还会被交警罚款,反而浪费了更多的时间。用马放自己的话来说,跑单是一个长期、持续的过程,不是跑完这一单就完了,确保每次的出行不出问题,整体效率其实是最优的。

这与推行精益一样,遵守标准,慢就是快,要有长期的思维,不能只看到眼前利益。

四、优化路线——ECRS 消除浪费

马放不是当地人,为了缩短路上时间,他每天跑完单,还会额外花时间去熟悉业务区域范围的路线。久而久之就能在抢单的时候提前做出预判了:他会根据商户所在地、客户位置及自己当前所在地和 APP 中取餐距离排序,判断自己该抢哪些单、抢到之后走哪条路线最快。

当他的手头上有多笔订单时,他先做订单分析,把同栋楼层订单合并一起

配送，减少往返时耗。

在上下班高峰期，遇到电梯拥挤情况时，马放毫不犹豫地就跑楼梯送递，用他的话说，既加快了速度，又锻炼了身体。

还有一个秘诀，就是同一单元的订单，马放会一次性把餐品拿到最高楼层的客户处，然后依次往低层送。

马放的这些作业方式，要么是做物流路径优化，要么在消除等待、搬运、多余动作的浪费，有意无意在做 ECRS 的动作，去缩短时间，提高效率，全是精益的行为。

五、品质保障——一次就做好

保证送达品质，缩短无效时耗。

外卖骑手如果送错餐，一来容易被顾客投诉，二来还要花费时间去处理。为了避免出现这种情况，马放做到，一是取餐时一定要确认没拿错餐品，二是在送餐时要明确告诉顾客餐品具体放到哪个位置，并拍照让顾客一目了然，避免顾客找不到还要反复沟通。

这就是精益管理的品质保障原则。七大浪费之一就是不良品浪费，高效率的前提一定需要好的品质来保证，一次性把质量做好，让客户满意。

六、良好脾气——有效沟通

作为外卖骑手，好脾气好沟通非常重要。

预案做得再完美，都可能会出现突发问题，马放这时无论是对餐饮老板，还是对客户，总是保持笑脸，保持好心态，保持友好沟通，这么多年下来，基本上都没有出现什么大的问题。

马放总结的五条经验，分别符合设备管理、路径优化、标准遵守、品质保证、有效沟通等五个方面的精益管理思想及原则。

七、活用精益，效果就是不一样

精益致力于消除浪费来提高流程效率，准确地定义价值，识别价值流，让价值创造的过程流动起来，按客户需求拉动，持续追求尽善尽美。可以说，精益原则是放之四海皆准。任何一个行业，任何一个领域，都可以应用精益思维来改善。

马放也许没有系统地学习过精益，他是靠思考、靠悟性去做事，无意识地走上了精益之道。如果企业是主动的、下意识的、系统的导入精益体系，会是怎么样的结果呢？效果肯定会更好，会产生系统性的整体效果，能够批量地出现"马放"式的员工。

【成功因子-52】
一个从骨子里相信精益的老板的疯狂实践

成功因子　精益本质上是种有方向的信仰和理念。推行精益成功的关键是老板本人对精益的相信程度,只要相信到骨子里,他就会不顾一切,就会不惜代价,甚至孤注一掷。这样精益就成了!

一、丰田研修，疯狂地学习

做任何事情，要想成功，相信非常重要，企业推行精益同样如此。

广东佛山有家企业，其生产的产品为高压输电线铁塔配套的螺母螺杆，也经营了近10年。中国制造业企业普遍存在的问题，这家企业都有，比如库存非常高，设备老出问题，人均效率低下，员工士气低落。

这家企业的创始人王总，非常渴望改变这个现状。一个偶然的机会，王总报名参加了标杆精益日本丰田研修团。在整个日本七天的研修期间，王总是研修团40多个学员里，学习最认真的，眼睛最有光的。在丰田生产线现场参观时，他总是走在最前边，认真听现场专家讲解，并对生产线能被允许参观的地方都看了个遍；在丰田老专家培训时，他总是坐在第一排，认真做笔记，积极问问题。

后来在回程路上，他反复地感谢主办方，反复说："丰田的生产现场对我太震撼了，精益对我太及时了，我回去就要马上干。"果然，王总后来的实践行为，令人目瞪口呆，也真的把大家给震撼了。

二、精益起步，疯狂地砍仓库

王总从日本回到佛山工厂之后，马上召集公司高层开会，宣布了两件事：

一是公司马上推行精益管理，要全面精益转型。

二是推行精益就从今天开始，就从消灭库存开始，就从拆掉仓库开始。

公司高层听了王总的决定，个个面面相觑，大家对公司全面推行精益管理还勉强可以接受。因为王总去日本前已经吹过风，心理上有准备，但要马上就把仓库拆掉，大家都觉得王总是不是受什么精神刺激了。

王总快速结束会议后，带领团队马上到现场，还做了仪式感十足的事，学海尔张瑞敏砸冰箱一样，王总第一个动手开始拆车间最大的仓库。

仓库拆除后，螺母螺杆像沙子一样铺满了三分之二的厂房。这时连员工也觉得老板是疯了，就问王总，为什么要拆掉仓库，王总淡然一笑，在现场给大家分享了日本丰田研修的收获：

1）精益是中国制造业的未来，我公司的未来就全靠精益了。

2）要做好精益的首要条件是从骨子里相信精益，要绝对相信。

王总说，在日本研修时，丰田专家反复告诉我们，库存是万恶之源，只要有库存，公司很多问题都会被掩盖，我非常认可并非常相信这一点，所以，我们公司要推行精益，第一步就得把仓库给拆了，一则表露我的决心，二则让公司所有的问题得到充分暴露。

这时又有员工忍不住问，那仓库现在拆了，车间满地都是产品，怎么办啊？

王总说，我也不知道，但我相信丰田老专家的观点：优秀的企业都是被逼出来的，优秀的团队也是被逼出来的，团队的能力更是被逼出来，丰田有今天的成就，就是不断被外部竞争环境所逼，同时在内部还要自己不断逼自己的结果。所以我们的仓库拆掉，就是我们要自己逼自己一把，后边怎么做，你们想办法，库存问题不解决，就不要继续生产。

三、持续精益，疯狂地成长

　　就这样，王总公司的管理团队顶着客户订单的压力，奔着需要尽快复产的目标，大家群策群力，同时王总也亲自参与其中，运用了各种精益的工具方法，发挥了团队成员的智慧，在工厂差不多停工的一周内，拿出了一套切实可行的降低库存的方法，让王总及团队所有成员都觉得不可思议，原来自己的潜力居然这么大。

　　后来，王总又请聘请了专业的精益顾问老师进驻工厂辅导，系统性导入精益管理体系。经过一年多的时间，为王总公司节省近亿元。王总运用这一笔资金又开了一家铁塔厂，从原来铁塔配套商成了铁塔主机厂。并且王总的铁塔企业成为中国为数不多可以正面与国有铁塔企业竞争的民营企业，凭的就是企业成功推行精益带来的价格优势，质量优势，交付时间优势。

　　所以企业推行精益成功的关键是老板本人对精益的相信程度，只要相信到骨子里，他就会不顾一切，就会不惜代价，甚至孤注一掷。这样精益就成了！